STSSL
STANDARD TEST OF SPORT SKILL LEVEL

CSEA
CHINA SPORTS EDUCATION ALLIANCE

青少年体操运动技能等级标准与测试方法

全国青少年运动技能等级标准研制组　组编

科 学 出 版 社
北 京

内 容 简 介

本书介绍了青少年体操运动技能等级标准与测试方法，主要内容包括“测试场地、器材、设备及人员配备要求”“测试的总体要求”“各等级测试科目”“一～九级测试方法”。各级测试方法中规定了该级测试的科目、评分方法、达标标准，并对测试过程中的要点辅以图示及说明。

本书可供国家及各级教育主管部门、体育主管部门，各级体育协会，体育院校及中小学校，社会性体育培训组织相关人员参考、使用。

图书在版编目（CIP）数据

青少年体操运动技能等级标准与测试方法 / 陈佩杰，唐炎主编. —北京：科学出版社，2018.4
（青少年运动技能等级标准与测试方法）
ISBN 978-7-03-057036-9

Ⅰ. ①青… Ⅱ. ①陈… ②唐… Ⅲ. ①体操－称号等级（体育）－标准②体操－称号等级（体育）－测试方法 Ⅳ. ①G83

中国版本图书馆CIP数据核字(2018)第055601号

责任编辑：潘志坚
责任印制：谭宏宇 / 封面设计：殷 靓

科学出版社 出版
北京东黄城根北街16号
邮政编码：100717
http: // www. sciencep. com
南京展望文化发展有限公司排版
苏州越洋印刷有限公司印刷
科学出版社发行 各地新华书店经销
*
2018年4月第 一 版 开本：B5（720×1 000）
2018年4月第一次印刷 印张：7 1/2
字数：118 000
定价：80.00 元
（如有印装质量问题，我社负责调换）

《青少年运动技能等级标准与测试方法》丛书
编辑委员会

《青少年运动技能等级标准与测试方法》丛书
专家指导委员会

《青少年体操运动技能等级标准与测试方法》
编辑委员会

执行主编

刘善德　陈旭晖

编　委

（按姓氏笔画排序）

王红祥　石玉虎　刘善德　吴惠明
张宇皎　陈旭晖　孙晓姣　董春华

从书序

2017年11月，国家体育总局、教育部、中央文明办、发展改革委、民政部、财政部和共青团中央7部门联合制定出台了《青少年体育活动促进计划》，明确提出“研究建立青少年运动技能等级评定标准”，并要求“各级教育部门应将运动技能等级纳入学生综合素质评价体系”。运动技能水平是衡量个体体育综合能力的关键指标，让青少年掌握1～2项运动技能是国家对青少年体育教育的基本要求。然而，如何客观有效地评判青少年运动技能的掌握水平，我们还缺乏一套行之有效的标准。毋庸讳言，当前运动技能等级标准的缺失已经成为制约青少年体育改革发展的主要因素。这对学校体育与健康课程改革的效果检验和深入推进、青少年体育素养水平评价的实施及社会性青少年体育培训的规范开展都造成了影响。因此，制定一套能展现运动项目特征、反映运动技能进阶规律、科学性强且便于测试的“青少年运动技能等级标准”（以下简称“标准”）已迫在眉睫。

2016年3月，上海体育学院组建了“标准”研制组开展相关工作。经过广泛的专题调研和充分的分析讨论后，研制组确立了四等十二级制的“标准”体系构架，并以“标准”指标能反映运动项目的实际运用能力、能反映个体运动技能水平的变化、能促进青少年运动参与的积极性、能与竞技体育运动等级标准有效衔接为基本思路，依托中国乒乓球学院强大的科研力量，以乒乓球运动技能等级标准的研制为突破口，以点带面地推进研制工作。2017年4月12日，研制组首先发布了《青少年乒乓球运动技能等级标准》（以下简称《乒乓球标准》）。《乒乓球标准》的发布得到了中国乒乓球协会与上海市教委相关领导、乒乓球界多位名宿与专家的高度肯定，国家体育总局官网、新华网、环球网等数十家媒体予以报道。在《乒乓球标准》成功发布的基础上，研制组进一步优化研制思路和路径。又历时1年，经过对9 000余名青少年进行测试和数十轮专家研讨，研制组先后完成了足球、篮球、排球、羽毛球、网球、高尔夫球、田径、体操、游泳、武术10个运动项目的“标准”研制工作。上海市学生体育协会对“标准”高度认可，并采纳其全部内容用于促进青少年学生体育活动的开展工作。同时，“标准”已作为行业主体在上海市质量技术监督局申请为“团体标准”。“标准”的正式出台对于推动青少年体育发展可以起到以下几方面的作用。第一，“标准”的体系构架能够实现普通青少年与精英运动员的运动技能水平评定的衔接，能够为体育管理部门掌握青少年运动技能等级分布情况、规划运动项目发展方向提供支撑。第二，“标准”的指标设计充分考虑到运动项目参与主体的获得感，青少年在每一阶段的进步均能通过等级的进阶得到证明，从而更好地激发和维持青少年积极参与运动的热情。第三，“标准”在对个体参与测试的资格上添加了运动经历的要素，要求被测者从进入“提高级”的测试开始，必须要具备相应的运动经历才能参与测试。这样的设置突出了“标准”作为评价工具的发展功能，能够避免青少年将技能等级提升与运动实践相割裂的弊端，从而更好地带动青少年积极运动。第四，“标准”指标体系的科学性及测试方法的便捷性能够为学校开展体育技能教学、评定学生体育技能水平提供技术支撑，能够为教育部门开展学生体育素养测评提供科学便捷的工具，更好地实践体育与健康课程的育人价值。第五，“标准”能够为各种青少年体育培训机构的培训质量提供明确的评价依据。当前，青少年体育培训机构虽然蓬勃发展，但也良莠不齐。评价培训质量的指标较多，而青少年运动技能水平的提升程度无疑才是评价培训质量优劣的重要参考。

从提出研制思路到最终成稿，上海市教委都给予了极大的支持与帮助。同时，上海体育学院国家社会科学基金重大项目《中国儿童青少年体育健身大数据平台建设研究》研究团队从项目设计开始，就将“标准”的研制作为主要的研究任务之一，并形成了专门的研究小组进行技术攻关。此外，各运动项目领域的诸多专家及协会、众多中小学学校及社会性体育培训机构也在本“标准”的研制过程中提供了大量帮助。在此，向所有为“标准”的研制工作贡献力量的人员表示衷心的感谢！

受制于学识的限制，“标准”肯定存在着诸多不完善的地方。因此，恳请广大专家学者以及应用“标准”的相关机构、组织及个人不吝赐教，多提宝贵意见，为“标准”的进一步完善提供真知灼见！

陈佩杰　唐　炎

2018年3月12日

编写说明

让青少年掌握1～2项运动技能是国家对青少年体育教育的基本要求。然而，如何评定青少年运动技能水平，尚没有客观且有效的评价标准及测试方法。上海体育学院组建了青少年运动技能等级标准研制组，共历时2年左右，首期研制了乒乓球、足球、篮球、排球、羽毛球、网球、田径、体操、游泳、武术、高尔夫球11个运动项目的技能等级标准与测试方法。

《青少年运动技能等级标准与测试方法》丛书的编写特点如下：

- **科学性强**　基于万余名青少年的测试数据，经过数十轮专家论证而制定。各等级的测试科目基本涵盖了该项运动的主要技术，体现了运动项目的本质特征和运动技能的进阶规律。
- **客观性强**　研制过程中尽可能采用智能化的测试手段，能够有效避免主观因素。此外，还对各运动项目的测试场地、器材、设备、测试者及被测试者提出了统一要求，从而保证了不同测试基地间测量的可信度。
- **操作性强**　在保证科学性和客观性的基础上，力求各运动项目等级的测试方法更简单易行，耗时更少。
- **引领性强**　不同运动项目的相同等级难度设置基本对等，具有一定的层次性。从“提高级”开始，要求具备相应的运动经历，能够激发和维持青少年的运动参与热情。
- **贯通性强**　能与现行的《运动员技术等级标准》及高水平竞技运动有效衔接，从而实现普通青少年与运动精英在技能上的贯通。
- **直观性强**　各等级测试过程中的要点均辅以图片进行说明，且每项测试科目都配有示范内容的视频，通过扫描二维码，即可直观、便捷地了解测试内容与方法。

目 录

青少年体操运动技能等级标准与测试方法

体操内容丰富、形式多样，适合于各年龄段儿童青少年人群参与练习。经常练习体操能够有效发展动作技能、提高身体机能和素质，实现力量、耐力、速度、柔韧、灵敏等全面协同发展，同时还能塑造健美形体，锻炼意志品格，培养自信心和自律性，从而达到身心全面发展的目的。为帮助青少年掌握1～2项运动技能，促进青少年健康成长，同时也为了服务于体操运动的良好发展，特制定“青少年体操运动技能等级标准”(以下简称“标准”)。本“标准”在整体上采用四等十二级制，测试内容涵盖了体操基本技术项目。其中，一～三级为入门级，四～六级为提高级，七～九级为专业级，十～十二级为精英级。本“标准”仅针对一～九级，预留十～十二级与高水平运动员等级相衔接。

测试场地、器材、设备及人员配备要求

场地

测试场地应为长22米、宽18米、高6米。

器械

所有器械必须符合国家相关标准。

一～三级：长12～15米、宽2米～2.5米、厚15厘米左右的多块体操垫，儿童跳板，高20～30厘米、宽20厘米低平衡木。

四～六级：长12～15米、宽2米～2.5米、厚15厘米左右的多块体操垫，跳板，山羊（高1.1米），跳箱（高1.1米），低单杠（高1.2米），双杠（高1.5米），平衡木（四～五级高0.6米，六级高0.9米）。

七～九级：长12～15米、宽2～2.5米、厚15厘米左右的多块体操垫，跳板，山羊（高1.1米），跳箱（男子高1.2米，女子高1.1米），低单杠（男子高1.6米，女子高1.5米），双杠（高1.75米），平衡木（七～八级高1.0米，九级高1.2米）。

设备

医用急救包1套，全程录像设备1套；专用电脑2台，配备网络接口，并保证网络畅通。

人员

主考官：至少4名，其中1名为记录考官。

助考：至少2名。

其他考务人员：若干名。

测试的总体要求

测试规则

被测试者首次申请测试可以从任一等级开始，但应对自己的水平有一定的预估。首次测试通过后方可申请高一等级的测试，不通过者须至少降一等级重新申请。

本“标准”在总体上遵循国际体操联合会（FIG）体操比赛评分规则。但由于FIG评分规则对动作技术、完成情况及身体姿态的扣分幅度较大，本“标准”制定了特定的扣分标准。

动作错误扣分表

动作错误类型	小错	中错	大错	非常大	失败
	0.1	0.2	0.3	0.4	0.5 或更多
分腿、勾脚尖、屈膝	×	×			
虚　摆			×		
动作中断				×	
掉下器械					×
倒立时移动	× 每步				
静止动作时间不足			×1～2 秒	×1 秒	不足 1 秒 动作不认可
落　地	× 小步 / 小跳	× 大步	× 单手扶地	× 双手扶地	× 坐或跪地

注：同一动作出现不同错误扣分时，以最高的错误扣分为准，其他错误不再追加扣分（表中的“×”表示错误程度扣分）。

考官举旗 / 手或信号灯亮时，被测试者举手示意，并在规定的时间内开始测试。测试动作以本“标准”规定为准，被测试者须从第一个动作开始，依次完成规定的所有动作。考官将根据评分规则对被测试者成套动作的实际完成情况进行评分（具体评分方法见各级测试内容）。每个项目满分10分，每个动作都有各自的难度价值分，除了动作完成错误扣分外，被测试者漏做动作、未完成或完成动作与规定动作不一致时，还将被扣掉相应动作的难度价值分。被测试者的最后得分为三位主考官所出示得分的平均分。一～三级测试为组合动作，男女相同。四～九级男子测试自由体操、跳山羊/跳箱、单杠、双杠4个项目，达到规定的分数方可通过某一等级测试；女子只需选择自由体操、跳山羊/跳箱、单杠、平衡木4个项目中的任意3个进行测试（也可4个项目均测，取3个最好项目成绩），达到各级别的相应分数方可达标。每位被测试者只有1次测试机会。

被测试者要求

被测试者男子必须着背心、长裤、体操鞋或白袜子（不可赤脚）；女子必须着体操服。不准佩戴项链、戒指、耳环等具有安全隐患的配饰。测试前被测试者必须进行充分的热身和准备活动后方可参加测试。

从四级开始要求被试者应具有一定的比赛经历。申请四～六级的测试必须参加过县级及以上政府相关部门主办的比赛，或者以“标准杯”冠名的相应级别比赛，或者经“标准”委员会认定的比赛。申请七～九级的测试须参加过地市级及以上政府相关部门主办的比赛，或者以“标准杯”冠名的相应级别比赛，或者经“标准”委员会认定的比赛。

考官要求

主考官及助考必须身着专用测试服装参加测试。测试前考官必须认真检查测试场地、器材及设备，提醒被测试者做好充分的准备活动。

主考官资质：应是取得体操国家级及以上裁判证书者。一～三级测试主考官应是取得体操国家二级及以上裁判证书者，或经“标准”委员会认定的考官；四～九级测试主考官应是取得体操国家一级及以上裁判证书者，或经“标准”委员会认定的考官。所有主考官均应无不良执裁记录。

助考资质：应是达到本“标准”六级及以上测试的人员，或经“标准”委员会指定或认定的人员。

测试点要求

测试点必须保持场地干净、整洁、卫生、明亮，无易造成伤害事故的坚硬物体或其他安全隐患，必须有安全出口和紧急疏散通道。整个测试过程须全程录像。

各等级测试科目

各等级标准测试科目一览表

等级	性别	科目一	科目二	科目三	科目四
一级	男子 女子	基础组合 1			
二级	男子 女子	基础组合 2			
三级	男子 女子	基础组合 3			
四级	男子	自由体操	跳山羊	低单杠	双杠
	女子	自由体操	跳山羊	低单杠	平衡木
五级	男子	自由体操	跳山羊	低单杠	双杠
	女子	自由体操	跳山羊	低单杠	平衡木
六级	男子	自由体操	跳箱	低单杠	双杠
	女子	自由体操	跳箱	低单杠	平衡木
七级	男子	自由体操	跳箱	低单杠	双杠
	女子	自由体操	跳山羊	低单杠	平衡木
八级	男子	自由体操	跳箱	低单杠	双杠
	女子	自由体操	跳箱	低单杠	平衡木
九级	男子	自由体操	跳箱	低单杠	双杠
	女子	自由体操	跳山羊	低单杠	平衡木

一级测试

LEVEL 1 TEST

科　　目

基础组合1：原地团身跳接分腿跳→团身前滚翻→挺身跳→向前1～2步走上平衡木并腿站立→向前体操步4步（两臂侧平举）→原地起踵4次（手臂动作同前）→继续向前体操步4步（两臂侧平举）至木端→木端垂直跳下。

要点图示及说明

基础组合1

- 团身跳：髋膝的夹角小于90°
- 分腿跳：开度大于45°

- 前滚翻：提臀同时低头曲臂，两腿蹬地后两腿伸直，保持屈体姿势经背、腰、臀依次着地向前滚动，起肩跟上体时，迅速抱腿站起

评分方法

一级测试评分方法

序号	动 作 名 称	分值	主 要 错 误	错误扣分		
				0.1	0.2	0.3
1	原地团身跳接分腿跳	3.0	1. 团身姿势不明显 2. 分腿开度小于 45°	×	×	× ×
2	团身前滚翻	2.0	1. 滚动不圆滑 2. 未保持团身姿势	× ×	× ×	 ×
3	挺身跳	1.0	展体不充分	×	×	

（续表）

序号	动作名称	分值	主要错误	错误扣分		
				0.1	0.2	0.3
4	向前 1 ～ 2 步走上平衡木并腿站立	0.2	重心不稳	×		
5	向前体操步 4 步（两臂侧平举）	0.8	1. 动作不连贯 2. 重心不稳	× ×	× ×	
6	原地起踵 4 次（手臂动作同前）	0.8	重心不稳	×	×	
7	继续向前体操步 4 步（两臂侧平举）至木端	0.8	1. 动作不连贯 2. 重心不稳	× ×	× ×	
8	木端垂直跳下	1.0	身体姿势不好	×	×	
备注	动作熟练性	0.4	根据整套动作的完成情况进行评分			

达 标 标 准

被测试者最终得分7.5分及以上者为合格，男女相同。

二级测试

LEVEL 2 TEST

科　目

基础组合2：原地团身跳接分腿跳接垂直跳转180°→再跳转180°→团身前滚翻接前滚翻成直角坐→肩肘倒立2秒→双腿前伸滚动站立，向前1～2步成双脚站立→并腿向上跳起成平衡木上站立→起踵向前体操步4步（手臂动作从一位开始经二位、三位、七位还原至一位）→转体180°→起踵向后体操步4步（手臂动作从一位开始经七位、三位、二位还原至一位）→转体90°横木挺身跳下。

要点图示及说明

基础组合2

- 跳转180°：身体保持垂直转体充分

- 挺身跳下：空中充分挺髋，落地缓冲

评分方法

二级测试评分方法

序号	动 作 名 称	分值	主 要 错 误	错误扣分		
				0.1	0.2	0.3
1	原地团身跳接分腿跳接垂直跳转 180°，再跳转 180°	3.0	1. 团身姿势不明显 2. 分腿开度小于 45° 3. 转体度数不够	× ×	× ×	× ×
2	团身前滚翻接前滚翻成直角坐	2.0	1. 滚动不圆滑 2. 未保持身体姿势	× ×	× ×	 ×
3	肩肘倒立 2 秒→双腿前伸滚动站立，向前 1 ~ 2 步成双脚站立	1.0	1. 身体姿势不正确 2. 时间不足 1 秒	×	×	 1.0
4	并腿向上跳起成平 衡木上站立	0.2	重心不稳	×		
5	起踵向前体操步 4 步（手臂动作从一位开始 经二位、三位、七位还原至一位）	0.8	1. 动作不连贯 2. 重心不稳	× ×	× ×	
6	转体 180°	0.8	重心不稳	×	×	

（续表）

序号	动作名称	分值	主要错误	错误扣分		
				0.1	0.2	0.3
7	起踵向后体操步4步（手臂动作从一位开始 经七位、三位、二位还原至一位）	0.8	1. 动作不连贯 2. 重心不稳	× ×	× ×	
8	转体90°横木挺身跳下	1.0	身体姿势不好	×	×	
备注	动作熟练性	0.4	根据整套动作的完成情况进行评分			

达 标 标 准

被测试者最终得分7.5分及以上者为合格，男女相同。

三级测试

LEVEL 3 TEST

科　目

基础组合3：助跑上板团身跳→团身前滚翻交叉转体180°→团身后滚翻站立→跳转180°→助跑2～3步单腿跨上平衡木（30厘米高）成单腿站立→前踢腿跑4次→向前、侧、后踢腿各1次（可行进间完成，可原地完成）—助跑2～3步木端分腿跳下。

要点图示及说明

基础组合3

- 助跑上板团身跳：控制好助跑节奏，上板时要求任意一腿单腿起跳，然后双腿落板再双脚起跳完成团身动作

- 后滚翻：当背部着地时，积极翻臂，颈部着地时，尽量低头，夹肘，用力伸直两臂

评分方法

三级测试评分方法

序号	动 作 名 称	分值	主 要 错 误	错误扣分		
				0.1	0.2	0.3
1	助跑上板团身跳	1.5	1. 助跑节奏不好 2. 跳起高度不够	× ×	× ×	
2	团身前滚翻交叉 转体 180°	1.5	1. 滚动不圆滑 2. 动作不连贯	× ×	× ×	
3	团身后滚翻站立→ 跳转 180°	2.0	1. 滚动不圆滑 2. 动作不连贯 3. 转体角度不够	× × ×	× × ×	×

（续表）

序号	动 作 名 称	分值	主 要 错 误	错误扣分		
				0.1	0.2	0.3
4	助跑 2 ～ 3 步单腿跨上（30 厘米）平衡木成单腿站立	1.0	1. 动作不连贯 2. 重心不稳	× ×		
5	前踢腿跑 4 次	1.0	1. 节奏不好 2. 动作不连贯	× ×	× ×	
6	向前、侧、后踢腿各 1 次（可行进间完成，可原地完成）	1.5	1. 踢腿角度小于 90°（每次） 2. 姿态不好	 ×	× ×	
7	助跑 2 ～ 3 步木端分腿跳下	1.0	身体姿势不好	×	×	
备注	动作熟练性	0.5	根据整套动作的完成情况进行评分			

达 标 标 准

被测试者最终得分7.5分及以上者为合格，男女相同。

四级测试

LEVEL 4 TEST

科　目

男子

自由体操：团身前滚翻→燕式平衡→鱼跃前滚翻→挺身跳。

跳山羊：山羊分腿腾越。

低单杠：跳上成支撑静止2秒→支撑后摆3次→团身前翻下。

双杠：跳上成支撑→支撑依次前移4步→团身直角支撑2秒→杠中跳下。

女子

自由体操：团身前滚翻→燕式平衡→远撑前滚翻→挺身跳。

跳山羊：山羊分腿腾越。

低单杠：跳上成支撑静止2秒→支撑后摆2次→团身前翻下。

平衡木：木侧站立跳上成分腿坐后摆成蹲撑至直立→原地起踵向前体操步4步（手臂动作从一位开始经二位、三位、七位还原至一位）→双脚转体180°→向后退体操步4步（手臂动作从一位开始，经七位、三位、二位还原至一位）→垂直跳1次→双脚转体90°（双手至侧平举）→横木挺身跳下。

备注：平衡木器械高度为60厘米（从地面测量），时间不超过50秒。

自由体操要点图示及说明

男子自由体操　　女子自由体操

- 鱼跃前滚翻：跳起后，眼看前下方，身体保持含胸和稍曲髋姿势，曲臂缓冲，经肩、背、腰、臀依次着地，屈膝抱腿，紧跟上体，滚翻起立

- 远撑前滚翻：前滚翻手臂前伸撑地，同时提臀、低头曲臂，两腿蹬地后两腿伸直，保持屈体姿势经背、腰、臀依次着地向前滚动，起肩跟上体时，迅速抱腿站起

- 燕式平衡：上体挺胸抬头下压，同时后腿向后上方举起，支撑腿绷直，用全脚掌控制平衡，后举腿尽量高举，两腿夹角不小于135°

跳山羊要点图示及说明

男子跳山羊　女子跳山羊

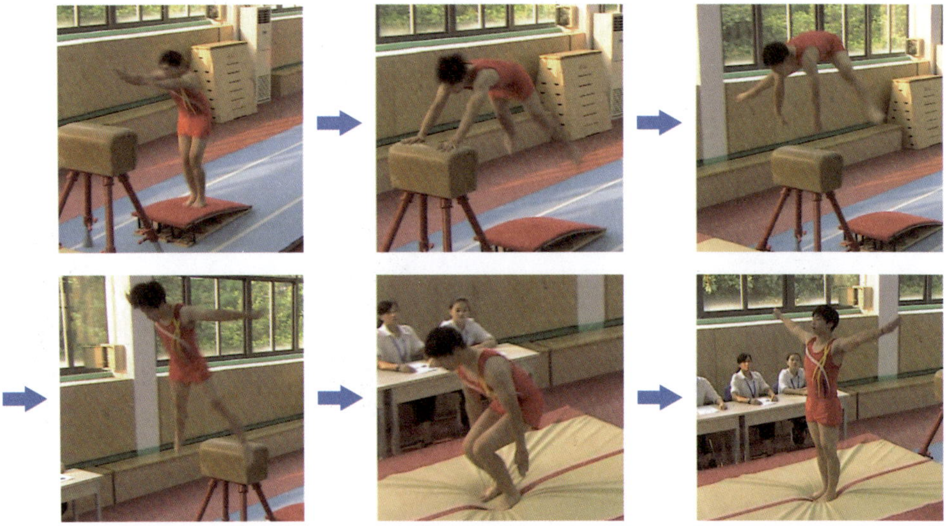

- 山羊分腿腾越：起跳后两臂迅速前伸撑山羊，同时含胸提腰，推离瞬间两腿侧分并急骤下压，进行制动，领臂顺势上举，起肩抬头进入腾空，与此同时迅速并腿前伸落地

低单杠要点图示及说明

男子低单杠　女子低单杠

- 跳上成支撑：向前上方跳起，同时直臂压杠，支撑时紧腰、挺胸、后举腿

- 支撑后摆：两腿前摆时，使肩保持在杠前，两腿后摆过垂直面后，用力向后上方甩腿，同时直臂，稍含胸，顶肩撑杠

双杠要点图示及说明

男子双杠

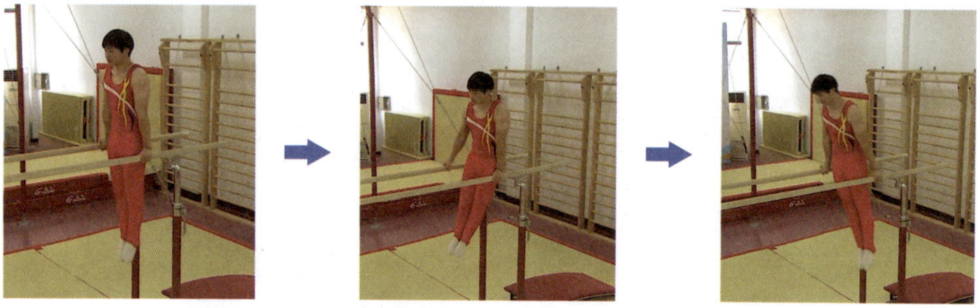

- 支撑前移：支撑前移时，肩不要前倾后倒，左右移动前行

平衡木要点图示及说明

女子平衡木

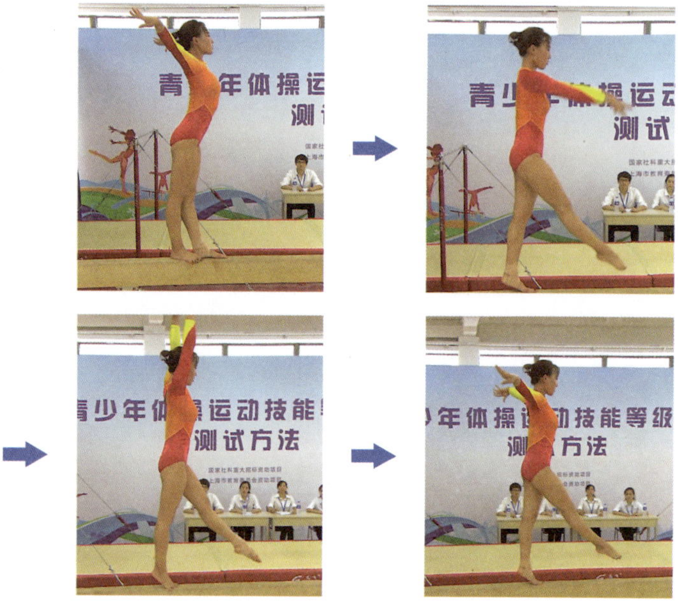

- 体操步：头和上体保持正直，抬头挺胸，收腹立腰，臀部夹紧，手臂与腿配合协调

- 横木挺身跳下：挺身跳下空中充分挺髋，落地缓冲

评分方法

男子四级测试自由体操评分方法

序号	动作名称	分值	主要错误	错误扣分		
				0.1	0.3	0.5
1	团身前滚翻	3.0	1. 伸展不充分 2. 未保持团身姿势	× ×	× ×	 ×
2	燕式平衡	2.0	1. 腿低于髋水平 2. 上体低于髋水平	× ×	× ×	
3	鱼跃前滚翻	4.0	1. 腾空不明显 2. 滚动不流畅	× ×	× ×	
4	挺身跳	1.0	1. 挺身展体不充分 2. 双脚落地不同时	× ×	× ×	

男子四级测试跳山羊评分方法

序号	动 作 名 称	分值	主 要 错 误	错误扣分		
				0.1	0.3	0.5
1	山羊分腿腾越	10	1. 推手过晚 2. 第二腾空无展体 3. 落地远度不足 1 米	× × ×	× × ×	× × ×

男子四级测试低单杠评分方法

序号	动 作 名 称	分值	主 要 错 误	错误扣分		
				0.1	0.3	0.5
1	跳上成支撑静止 2 秒	2.5	1. 动作不连贯 2. 支撑时脚过杠下垂面	× ×	× ×	 ×
2	支撑后摆 3 次	4.5	1. 支撑后摆高度低于肩 2. 动作不连贯	× ×	× ×	×
3	团身前翻下	3.0	1. 动作不流畅 2. 团身不紧	× ×	× ×	

男子四级测试双杠评分方法

序号	动 作 名 称	分值	主 要 错 误	错误扣分		
				0.1	0.3	0.5
1	跳上成支撑	1.5	重心不稳	×	×	
2	支撑依次前移 4 步	4.0	1. 曲臂前移 2. 身体不直	× ×	× ×	
3	团身直角支撑 2 秒	3.5	1. 团身不紧 2. 不到直角	× ×	× ×	
4	杠中跳下	1.0	重心不稳	×	×	

女子四级测试自由体操评分方法

序号	动作名称	分值	主要错误	错误扣分		
				0.1	0.3	0.5
1	团身前滚翻	2.5	1. 滚动不圆滑 2. 未保持团身姿势	× ×	× ×	 ×
2	燕式平衡	2.5	1. 腿低于髋水平 2. 上体低于髋水平	× ×	× ×	
3	远撑前滚翻	3.0	1. 腾空不明显 2. 滚动不流畅	× ×	× ×	
4	挺身跳	2.0	1. 挺身展体不充分 2. 双脚落地不同时	× ×	× ×	

女子四级测试跳山羊评分方法

序号	动作名称	分值	主要错误	错误扣分		
				0.1	0.3	0.5
1	山羊分腿腾越	10	1. 推手过晚 2. 第二腾空无展体 3. 落地远度不足 1 米	× × ×	× × ×	× × ×

女子四级测试低单杠评分方法

序号	动作名称	分值	主要错误	错误扣分		
				0.1	0.3	0.5
1	跳上成支撑静止 2 秒	3.0	1. 动作不连贯 2. 支撑时脚过杠下垂面	× ×	× ×	 ×
2	支撑后摆 2 次	4.0	1. 支撑后摆高度低于肩 2. 动作不连贯	× ×	× ×	×
3	团身前翻下	3.0	1. 动作不流畅 2. 团身不紧	× ×	× ×	

女子四级测试平衡木评分方法

序号	动 作 名 称	分值	主 要 错 误	错误扣分		
				0.1	0.3	0.5
1	木侧站立跳上成分腿坐后摆成蹲撑至直立	2.5	1. 踏跳脚未离地 2. 动作不舒展	× ×	× ×	×
2	原地起踵向前体操步 4 步（手臂动作从一位开始经二位、三位、七位还原至一位）	1.0	1. 手脚配合不协调 2. 动作不连贯 3. 双脚起踵不充分	× × ×	× × ×	
3	双脚转体 180°	1.5	1. 转体角度不够 2. 起踵不充分	× ×	× ×	×
4	向后退体操步 4 步（手臂动作从一位开始，经七位、三位、二位还原至一位）	1.0	1. 手脚配合不协调 2. 动作不连贯 3. 双脚起踵不充分	× × ×	× × ×	
5	垂直跳 1 次	1.5	1. 跳起空中身体不直 2. 跳起高度不够	× ×	× ×	
6	双脚转体 90°（双手至侧平举）	1.0	起踵不充分	×	×	
7	横木挺身跳下	1.5	1. 空中姿态不好 2. 落地不稳（每步）	× 小步 ×	× 中步 ×	摔倒 ×

达 标 标 准

男子

被测试者4个项目的最终得分相加32分及以上者为合格。

女子

被测试者3个项目的最终得分相加24分及以上者为合格。

五级测试

LEVEL 5 TEST

科　目

男子

自由体操：前滚翻分腿起→前滚翻成直角坐→后倒肩肘倒立→单肩后滚翻→单膝成跪平衡→经跪撑成坐跪跳起。

跳山羊：山羊屈腿腾越。

低单杠：跳上成支撑→支撑后摆3次→单腿摆越成骑撑→转体90°下。

双杠：跳上分腿坐→分腿坐前进成分腿坐→分腿坐前进1次→前摆成外侧坐→越两杠前摆直角下。

女子

自由体操：前滚翻分腿起→前滚翻成直角坐→后倒肩肘倒立→单肩后滚翻→单膝成跪平衡→经跪撑成坐跪跳起。

跳山羊：山羊屈腿腾越。

低单杠：跳上成支撑→支撑后摆3次→单腿摆越成骑撑→转体90°下。

平衡木：木侧跳上转体180°成骑撑→俯卧推起成俯撑成单腿跪撑成跪平衡2秒→向前1步成单腿站立→向前1步单跳双落接垂直跳成双脚起踵站立→向前1步接蹲转180°成站立→行进间踢腿（前、侧、后各1次）→双脚转体90°→横木分腿跳下。

备注：平衡木器械高度为60厘米（从地面测量），时间不超过60秒。

自由体操要点图示及说明

男子自由体操　女子自由体操

- 前滚翻分腿起：低头含胸向前滚动时，髋关节应保持一定角度，臀部经支点垂面向前移动时，起肩跟上体动作迅速，分腿同时配合两臂用力推撑

- 肩肘倒立：向后滚动同时举腿翻臀，两臂伸直在体侧用力压地，同时向上伸腿、伸髋，手撑腰部两侧，含胸立腰、低头眼视脚尖

● 跪跳起：两臂由后举向前上方，挥摆速度快，制动及时，配合摆臂，脚背及小腿压地有力，收腹提膝协调配合

跳山羊要点图示及说明

男子跳山羊　女子跳山羊

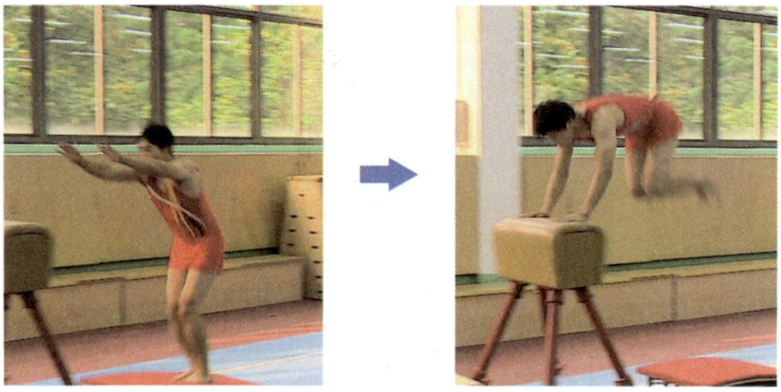

- 山羊屈腿腾越：起跳后两臂前伸撑山羊，同时提臀屈膝前引，推离后两臂上举，起肩、梗头立腰、两腿下伸，落地缓冲

低单杠要点图示及说明

男子低单杠　女子低单杠

- 单腿摆越成骑撑：移重心与推离杠同时进行，腿向侧摆越，控制身体姿势

- 骑撑转体90°下：主动推离杠，上体侧倒，使身体重心移至支撑臂上，前腿压杠，后腿侧摆，支撑臂顶肩撑杠，后腿摆越，前腿向后腿靠拢，同时身体转体90°，面向转体一方

双杠要点图示及说明

男子双杠

- 前摆成外侧坐：前摆至臀部过杠面后，做外侧坐动作

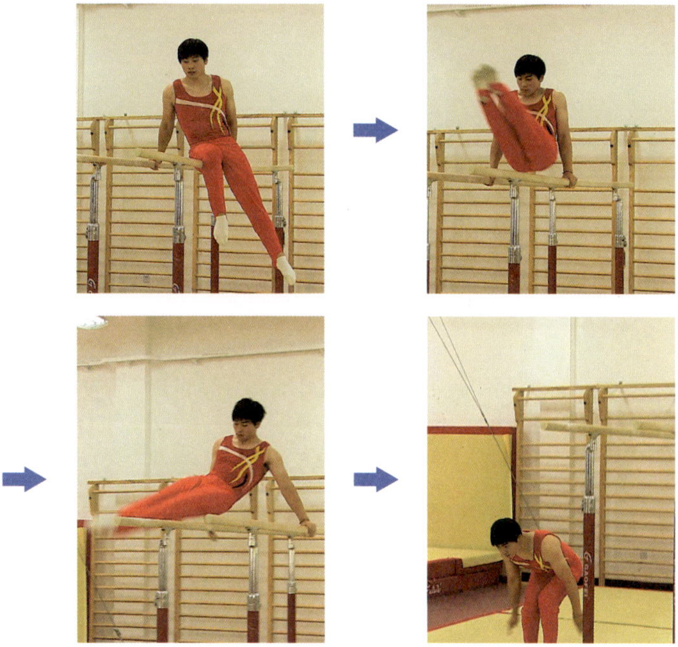

● 越两杠前摆直角下：前摆时两腿用力压杠，越杠时，重心应及时向一侧移动

平衡木

女子平衡木

● 跪平衡：两肘夹紧伸直，一腿成跪立，一腿后举

- 蹲转 180° 成站立：上体保持直立，立腰，以肩和手臂带动转体，重心在两脚之间

评分方法

男子五级测试自由体操评分方法

序号	动作名称	分值	主要错误	错误扣分		
				0.1	0.3	0.5
1	前滚翻分腿起	2.0	1. 动作不流畅 2. 滚动时无并腿屈体过程	× ×	× ×	
2	前滚翻成直角坐	1.0	1. 滚翻不圆滑 2. 未成直角	× ×	× ×	
3	后倒肩肘倒立	2.0	1. 屈髋 2. 屈腿 < 45°	×	×	 ×
4	单肩后滚翻	2.0	1. 方向不正 2. 滚动不圆滑	× ×	× ×	
5	单膝成跪平衡	2.0	后腿落下再起	×	×	
6	经跪撑成坐跪跳起	1.0	1. 腾空不高、重心不稳 2. 身体不直	× ×	× ×	

男子五级测试跳山羊评分方法

序号	动作名称	分值	主要错误	错误扣分		
				0.1	0.3	0.5
1	山羊屈腿腾越	10	1. 跳起高度不足 2. 无伸展 3. 方向不正	× × ×	× × ×	×

男子五级测试低单杠评分方法

序号	动作名称	分值	主要错误	错误扣分		
				0.1	0.3	0.5
1	跳上成支撑	2.0	1. 动作不连贯 2. 支撑时脚过杠下垂面	× ×	× ×	 ×
2	支撑后摆 3 次	3.0	1. 支撑后摆高度低于肩 2. 动作不连贯	× ×	× ×	×
3	单腿摆越成骑撑	2.0	1. 摆越时擦杠或不到位 2. 两腿夹角 < 90º	×	× ×	
4	转体 90° 下	3.0	1. 转体不正 2. 并腿晚 3. 无明显伸展	× × ×	× × ×	

男子五级测试双杠评分方法

序号	动作名称	分值	主要错误	错误扣分		
				0.1	0.3	0.5
1	跳上分腿坐	1.5	1. 曲臂 2. 动作不连贯	× ×	× ×	
2	分腿坐前进成分腿坐	2.0	1. 曲髋 2. 动作不流畅	× ×	× ×	
3	分腿坐前进 1 次	2.0	1. 曲髋 2. 动作不流畅	× ×	× ×	
4	前摆成外侧坐	1.5	重心不稳	×	×	
5	越两杠前摆直角下	3.0	1. 举腿高度不够 2. 无伸展	× ×	× ×	

女子五级测试自由体操评分方法

序号	动 作 名 称	分值	主 要 错 误	错误扣分		
				0.1	0.3	0.5
1	前滚翻分腿起	2.0	1. 动作不流畅 2. 滚动时无并腿屈体过程	× ×	× ×	
2	前滚翻成直角坐	1.0	1. 滚翻不圆滑 2. 未成直角	× ×	× ×	
3	后倒肩肘倒立	2.0	1. 屈髋 2. 屈腿 < 45°	× 	× 	 ×
4	单肩后滚翻	2.0	1. 方向不正 2. 滚动不圆滑	× ×	× ×	
5	单膝成跪平衡	2.0	后腿落下再起	×	×	
6	经跪撑成坐跪跳起	1.0	1. 腾空不高、重心不稳 2. 身体不直	× ×	× ×	

女子五级测试跳山羊评分方法

序号	动 作 名 称	分值	主 要 错 误	错误扣分		
				0.1	0.3	0.5
1	山羊屈腿腾越	10	1. 跳起高度不足 2. 无伸展 3. 方向不正	× × ×	 × 	×

女子五级测试低单杠评分方法

序号	动 作 名 称	分值	主 要 错 误	错误扣分		
				0.1	0.3	0.5
1	跳上成支撑	2.0	1. 动作不连贯 2. 支撑时脚过杠下垂面	× ×	× ×	 ×
2	支撑后摆 2 次	3.0	1. 支撑后摆高度低于肩 2. 动作不连贯	× ×	× ×	×
3	单腿摆越成骑撑	2.0	1. 摆越时擦杠或不到位 2. 两腿夹角 < 90°	× 	× ×	
4	转体 90° 下	3.0	1. 转体不正 2. 并腿晚 3. 无明显伸展	× × ×	× × ×	

女子五级测试平衡木评分方法

序号	动作名称	分值	主要错误	错误扣分		
				0.1	0.3	0.5
1	木侧跳上转体 180° 成骑撑	1.5	1. 跳起转体支撑不明显 2. 姿态不好 3. 动作不连贯	× × ×	× × ×	× ×
2	俯卧推起成俯撑成单腿跪撑成跪平衡 2 秒	1.5	1. 屈臂 2. 后腿低于肩	× ×	× ×	 ×
3	向前 1 步成单腿站立	0.5	1. 动作不连贯 2. 重心不稳	× ×	× ×	
4	向前 1 步单跳双落接垂直跳成双脚起踵站立	2.0	1. 高度不够 2. 跳起空中姿态不好 3. 双脚起踵不充分	× × ×	× × ×	×
5	向前 1 步接蹲转 180° 成站立	1.5	1. 上体不直 2. 转体时未立踵	× ×	× ×	
6	行进间踢腿（前、侧、后各 1 次）	1.0	1. 踢腿高度低于水平 2. 踢腿时主力腿弯曲	× ×	× ×	
7	双脚转体 90°	0.5	起踵不充分	×	×	
8	横木分腿跳下	1.5	1. 跳起空中分腿开度不够 2. 落地不稳（每步）	× 小步 ×	× 中步 ×	 摔倒 ×

达 标 标 准

男子

被测试者4个项目的最终得分相加32分及以上者为合格。

女子

被测试者3个项目的最终得分相加24分及以上者为合格。

六级测试

LEVEL 6 TEST

科　目

男子

自由体操：侧手翻向前转体90°→前滚翻分腿起→分腿慢起头手倒立→前滚翻成直角坐→后滚翻直腿起。

跳箱：横箱分腿腾越。

低单杠：翻上成支撑（蹬摆）→单腿摆越成骑撑→后倒单挂膝上→转体180°成支撑→后摆挺身下。

双杠：跳上成直角支撑2秒→前伸成分腿坐→分腿坐前进1次→后摆转体180°成分腿坐→弹杠前摆→后摆前摆直角下。

女子

自由体操：侧手翻向前转体90°→前滚翻分腿起→前滚翻成站立→燕式平衡2秒→后腿后伸成纵劈叉，后腿前摆成直角坐→团身后滚翻成站立。

跳箱：横箱跳上成分腿立撑挺身跳下。

低单杠：翻上成支撑（蹬摆）→单腿摆越成骑撑→后倒单挂膝上→转体180°成支撑→后摆挺身下。

平衡木：木中跳上成分腿支撑1秒→转体90°成分腿坐→直体单肩后滚成跪平衡2秒→向前2步一腿踢起单跳双落接垂直交换腿跳→单腿转体180°→左右腿变换步→助跑2～3步→纵木木端分腿跳下。

备注：平衡木器械高度为90厘米（从地面测量），时间不超过70秒。

自由体操要点图示及说明

男子自由体操　女子自由体操

- 侧手翻：蹬地快速用力，两手依次撑地时迅速顶肩、含胸立腰，经倒立完成

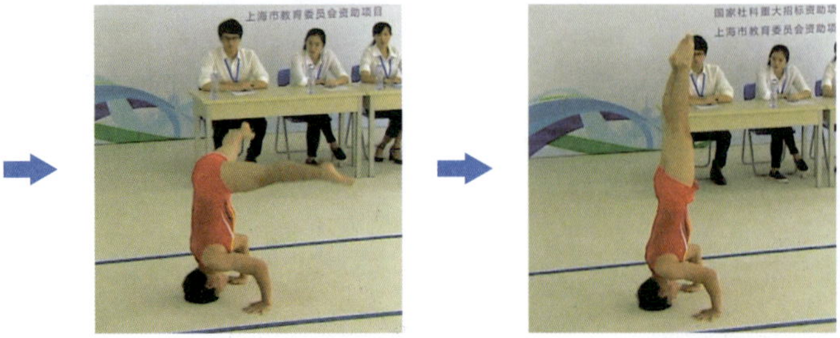

- 分腿慢起头手倒立：头、手撑地位置保持正三角形，臀部接近支点垂面时，两腿经侧慢起并腿，重心保持在支撑面内

跳箱要点图示及说明

男子跳箱　女子跳箱

- 横箱跳上成分腿立撑挺身跳下：跳起撑箱，同时含胸、提臀、曲髋，分腿成分腿立撑，两臂上摆两腿蹬离、空中梗头上顶，同时并腿经挺胸展体姿势落地

低单杠要点图示及说明

男子低单杠　女子低单杠

- 翻上成支撑（蹬摆）：充分摆腿蹬地，曲臂引体，腹部靠杠后，两腿后伸同时抬头挺胸转腕成支撑

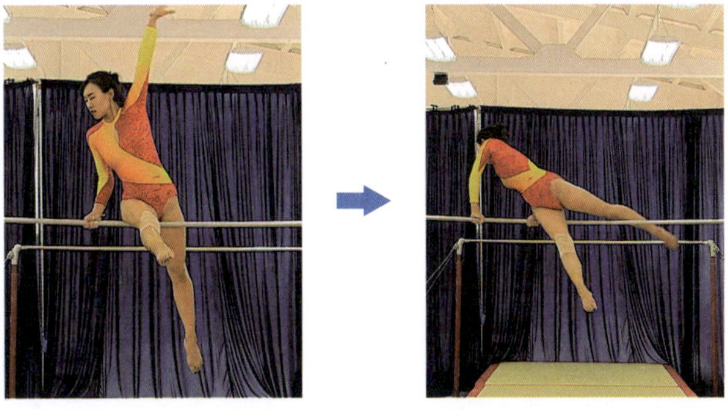

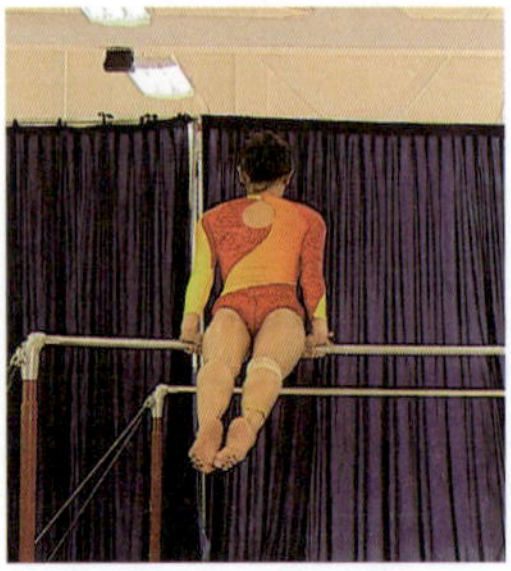

- 转体180°成支撑：移重心，上体侧倒挺身控腿，以单臂支撑为轴，上体带动身体转体180°

- 后倒单挂膝上：摆动时直臂握杠，肩部尽量远离握点，后摆时摆动腿主动后伸并加速后摆，当后摆肩至杠水平后，直臂压杠，转腕成支撑

双杠要点图示及说明

男子双杠

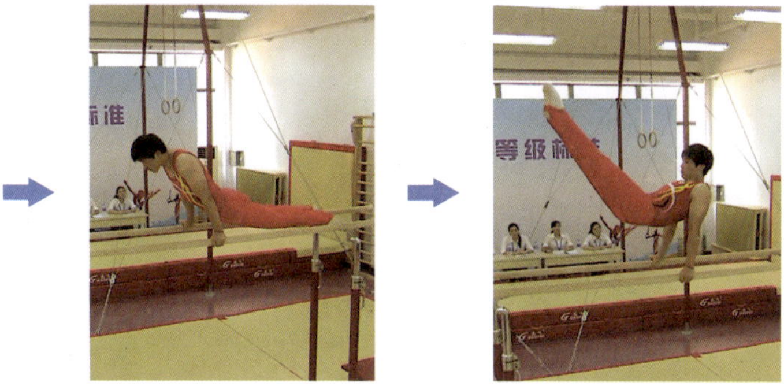

- 分腿坐前进一次：后摆进杠时，挺髋、两腿伸直压杠

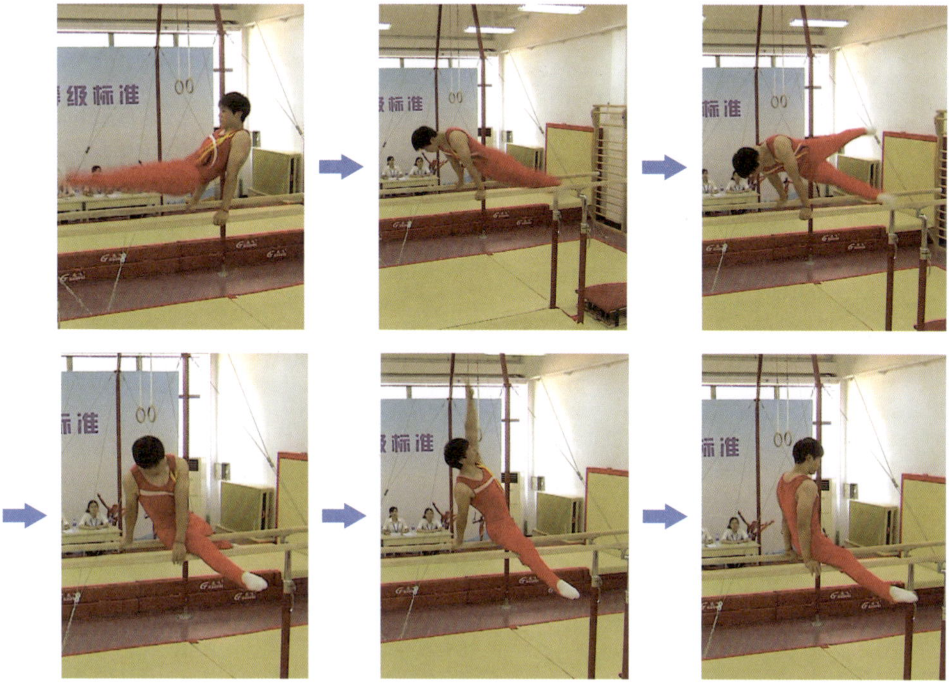

- 后摆转体180°成分腿坐：后摆至最高点回落时迅速转体分腿

平衡木要点图示及说明

女子平衡木

- 直体单肩后滚成跪平衡：两肘始终夹紧，一腿后滑至跪撑，跪撑时一腿保持后举，两手及时推木

评分方法

男子六级测试自由体操评分方法

序号	动 作 名 称	分值	主 要 错 误	错误扣分		
				0.1	0.3	0.5
1	侧手翻向前转体 90°	2.5	1. 手脚支撑地面不在一条直线上 2. 身体未经垂直面 3. 双手同时撑地	× × ×	× ×	
2	前滚翻分腿起	1.5	1. 动作不流畅 2. 无并腿屈体	× ×	× ×	

（续表）

序号	动 作 名 称	分值	主 要 错 误	错误扣分		
				0.1	0.3	0.5
3	分腿慢起头手倒立	3.0	1. 有蹬地动作 2. 不连贯、不匀速 3. 倒立不足 1 秒	× ×	× ×	× 3.0
4	前滚翻成直角坐	1.0	1. 滚翻不圆滑 2. 未成直角	× ×	× ×	
5	后滚翻直腿起	2.0	1. 曲腿 2. 滚翻不流畅	× ×	× ×	×

男子六级测试跳箱评分方法

序号	动 作 名 称	分值	主 要 错 误	错误扣分		
				0.1	0.3	0.5
1	横箱分腿腾越	10	1. 推手过晚 2. 第二腾空无展体 3. 落地远度不足 1 米	× × ×	× × ×	× × ×

男子六级测试低单杠评分方法

序号	动 作 名 称	分值	主 要 错 误	错误扣分		
				0.1	0.3	0.5
1	翻上成支撑（蹬摆）	2.5	1. 曲髋过多 2. 动作不连贯 3. 支撑脚过杠下垂面	× × ×	× × ×	 ×
2	单腿摆越成骑撑	1.0	1. 腿擦杠或不到位 2. 两腿夹角 < 90º	×	× ×	
3	后倒单挂膝上	2.5	1. 动作不流畅 2. 曲臂拉上	× ×	× ×	
4	转体 180° 成支撑	2.0	1. 转体时屈髋 2. 两腿与杠夹角 < 45º 3. 两腿超过杠垂面	× ×	× × ×	 ×
5	后摆挺身下	2.0	1. 后摆高度不够 2. 推手展体不充分 3. 腾空时屈髋	× × ×	× × ×	

男子六级测试双杠评分方法

序号	动作名称	分值	主要错误	错误扣分		
				0.1	0.3	0.5
1	跳上成直角支撑 2 秒	2.5	1. 屈体角度不够 2. 姿态不好 3. 时间不足 1 秒	× ×	× ×	2.5
2	前伸成分腿坐	1.0	1. 姿态不好 2. 动作不流畅不流畅	× ×	× ×	
3	分腿坐前进 1 次	1.0	1. 曲髋 2. 动作不流畅	× ×	× ×	
4	后摆转体 180° 成分腿坐	2.5	1. 曲臂 2. 动作不流畅	× ×	 ×	×
5	弹杠前摆	1.0	曲髋	×	×	
6	后摆前摆直角下	2.0	前摆高度不够肩水平	×	×	×

女子六级测试自由体操评分方法

序号	动作名称	分值	主要错误	错误扣分		
				0.1	0.3	0.5
1	侧手翻向前转体 90°	2.5	1. 手脚支撑地面不在一条直线上 2. 身体未经垂直面 3. 双手同时撑地	× × ×	× ×	
2	前滚翻分腿起	2.0	1. 动作不流畅 2. 滚动时无并腿屈体过程	× ×	× ×	
3	前滚翻成站立	1.0	1. 动作不流畅 2. 滚动不圆滑	× ×	× ×	
4	燕式平衡 2 秒	2.0	1. 腿低于髋水平 2. 上体低于髋水平	× ×	× ×	
5	后腿后伸成纵劈叉，后腿前摆成直角坐	1.5	1. 劈叉高于地面 2. 身体不正	× ×	× ×	×
6	团身后滚翻成站立	1.0	1. 团身不紧 2. 滚翻不流畅	× ×	× ×	

女子六级测试跳箱评分方法

序号	动 作 名 称	分值	主 要 错 误	错误扣分 0.1	错误扣分 0.3	错误扣分 0.5
1	横箱跳上成分腿立撑挺身跳下	10	1. 无后摆	×	×	
			2. 冲肩曲臂、屈腿	×	×	
			3. 挺身跳下无伸展	×	×	

女子六级测试低单杠评分方法

序号	动 作 名 称	分值	主 要 错 误	错误扣分 0.1	错误扣分 0.3	错误扣分 0.5
1	翻上成支撑（蹬摆）	2.5	1. 曲髋过多	×	×	
			2. 动作不连贯	×	×	
			3. 支撑脚过杠下垂面	×	×	×
2	单腿摆越成骑撑	1.0	1. 腿擦杠或不到位	×	×	
			2. 两腿夹角 < 90°		×	
3	后倒单挂膝上	2.5	1. 动作不流畅	×	×	
			2. 曲臂拉上	×	×	
4	转体 180° 成支撑	2.0	1. 转体时屈髋	×	×	
			2. 两腿与杠夹角 < 45°		×	
			3. 两腿超过杠垂面	×	×	×
5	后摆挺身下	2.0	1. 后摆高度不够	×		
			2. 推手展体不充分	×	×	
			3. 腾空时屈髋	×	×	

女子六级测试平衡木评分方法

序号	动 作 名 称	分值	主 要 错 误	错误扣分 0.1	错误扣分 0.3	错误扣分 0.5
1	木中跳上成分腿支撑 1 秒→转体 90° 成分腿坐	1.0	1. 静止动作时间不足		×	
			2. 转体角度不充分	×	×	
2	直体单肩后滚成跪平衡 2 秒	2.0	1. 滚动不连贯	×		
			2. 后腿平头	×		
			3. 后腿低于头		×	
			4. 时间不足 1 秒			2.0

（续表）

序号	动作名称	分值	主要错误	错误扣分		
				0.1	0.3	0.5
3	向前2步一腿踢起单跳双落接垂直交换腿跳	2.0	1. 高度不够 2. 跳起空中姿态不好 3. 动作不连贯	× × ×	× × ×	
4	单腿转体180°	2.0	1. 未立踵 2. 转体时姿态不好 3. 转体角度不够	× × ×	× × ×	 ×
5	左右腿变换步	0.5	1. 动作不舒展	×	×	
6	助跑2～3步	1.0	1. 动作不连贯	×	×	
7	纵木木端分腿跳下	1.5	1. 跳起空中分腿开度不够 2. 落地不稳	× 小步 ×	× 中步 ×	 摔倒 ×

达 标 标 准

男子

被测试者4个项目的最终得分相加32分及以上者为合格。

女子

被测试者3个项目的最终得分相加24分及以上者为合格。

七级测试

LEVEL 7 TEST

科　目

男子

自由体操：侧手翻成分腿开立→前滚翻分腿起→分腿慢起成头手倒立2秒→前滚翻成纵劈叉（两臂侧平举）→后腿向前摆越成直角坐→后滚翻直腿起→燕式平衡2秒→鱼跃前滚翻成直立→跳转360°成直立。

跳箱：纵箱分腿腾越。

低单杠：翻上成支撑→支撑后回环→单腿摆越成骑撑→转体180°成支撑→后摆挺身下。

双杠：挂臂屈伸上成分腿坐→前滚翻成分腿坐→分腿坐前进1次→后摆转体180°成分腿坐→弹杠→后摆挺身下。

女子

自由体操：波浪→立转360°→侧手翻向前转体90°→燕式平衡2秒→后腿向后伸成纵劈叉2秒→后腿向前摆越成直角坐→后倒屈体后滚翻成直腿站立。

跳山羊：山羊屈体跳上成并腿立撑，挺身跳下。

低单杠：翻上成支撑（蹬地）→支撑后回环→单腿摆越成骑撑→转体180°成支撑→后摆挺身下。

平衡木：木中跳上成分腿支撑1秒→转体90°成分腿坐→直体单肩后滚成跪平衡2秒→向前2步大跨跳→单腿转体360°→向前1步并腿起踵转体180°→左右腿变换步→向前2～3步木端侧手翻下。

备注：平衡木器械高度为100厘米（从地面测量），时间不超过90秒。

自由体操要点图示及说明

男子自由体操　女子自由体操

- 后滚翻直腿起：举腿翻臀髋部保持一定角度，同时用力推手成直腿屈体站立

- 纵劈叉：单腿沿直线向前或后滑腿，上体直、髋正、髋关节充分展开

跳箱/跳山羊要点图示及说明

男子跳箱　女子跳山羊

- 山羊屈体跳上成并腿立撑，挺身跳下：跳起两臂迅速撑山羊，含胸提臀至膝上体成屈体立撑，两臂上摆，两脚蹬离空中保持挺胸展髋姿势落地

低单杠要点图示及说明

男子低单杠　女子低单杠

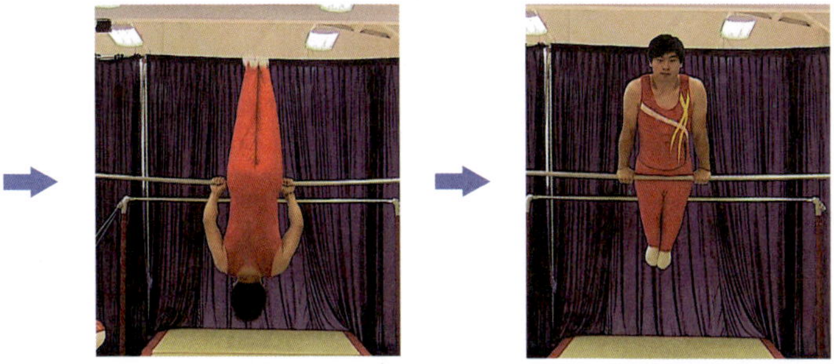

- 支撑后回环：回摆时直臂含胸，肩保持在杠上，身体伸直，腹部靠杠时迅速梗头倒上体，直臂压杠回环，回环至3/4时两腿后伸抬头挺胸转腕成支撑

- 后摆挺身下：两腿前摆时肩保持在杠前，两腿后摆过垂直面后，用力向后上方甩腿，同时直臂稍含胸顶肩撑杠，后摆接近最高点时，两腿制动同时直臂顶肩推杠，腾空时两腿下压，抬上体挺身下

双杠要点图示及说明

男子双杠

- 挂臂屈伸上成分腿坐：举腿翻臂曲髋充分，向前上方迅速展体并及时制动，制动时两臂用力向后下方压杠，振上体梗头起肩

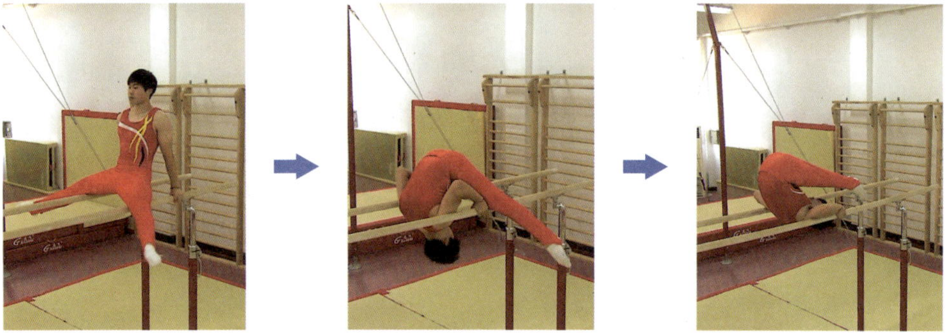

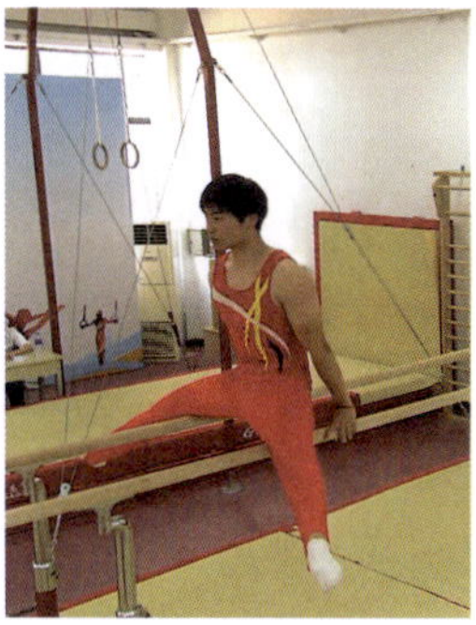

- 前滚翻成分腿坐：提背提臀曲髋充分，滚翻两手换握时应放手迟、握杠早，前翻时伸髋分腿下压成分腿坐

平衡木要点图示及说明

女子平衡木

- 大跨跳：起跳时身体保持正直，一腿前踢并前伸，一腿蹬木，在空中尽量分腿，落地保持平衡

- 木端侧手翻下：两手依次撑木，依次推离，左脚蹬地后即与右腿并拢，侧翻下时身体保持伸直姿势

评分方法

男子七级测试自由体操评分方法

序号	动作名称	分值	主要错误	错误扣分		
				0.1	0.3	0.5
1	侧手翻成分腿开立	2.0	1. 冲肩 2. 屈髋 3. 动作不连贯 4. 未经倒立超过 45°	× ×	× × ×	× × 2.0
2	前滚翻分腿起	0.5	1. 滚动不圆滑 2. 屈臂推撑 3. 屈腿超过 45°	× ×	 ×	 1.0

（续表）

序号	动作名称	分值	主要错误	错误扣分		
				0.1	0.3	0.5
3	分腿慢起成头手倒立2秒	2.0	1. 有蹬地动作 2. 不连贯、不匀速 3. 倒立不足1秒		× ×	× × 2.0
4	前滚翻成纵劈叉（两臂侧平举）	0.5	1. 滚动不圆滑、屈膝 2. 劈叉高于地面	 ×	× ×	× ×
5	后腿向前摆越成直角坐	0.5	姿态不好	×	×	
6	后滚翻直腿起	1.0	1. 滚动不圆滑 2. 屈腿超过45°	×	×	 ×
7	燕式平衡2秒	1.0	1. 肩低于水平面 2. 脚低于水平面	× ×	× ×	 ×
8	鱼跃前滚翻成直立	1.5	1. 腾空高度不够 2. 屈髋 < 120° 3. 滚动不圆滑 4. 无腾空过程	× × ×	× × ×	 1.5
9	跳转360°成直立	1.0	转体不到位	×	×	×

男子七级测试跳箱评分方法

序号	动作名称	分值	主要错误	错误扣分		
				0.1	0.3	0.5
1	纵箱分腿腾越	10	1. 推手过晚 2. 第二腾空无展体 3. 落地远度不足1米	× × ×	× × ×	× × ×

男子七级测试低单杠评分方法

序号	动作名称	分值	主要错误	错误扣分		
				0.1	0.3	0.5
1	翻上成支撑（蹬摆）	2.0	1. 曲髋过多 2. 动作不连贯 3. 支撑脚过杠下垂面	× × ×	× × ×	 ×

（续表）

序号	动　作　名　称	分值	主　要　错　误	错误扣分		
				0.1	0.3	0.5
2	支撑后回环	3.0	1. 后摆高度不足 2. 回环过程曲髋 3. 动作结束时无制动腿	× × ×	× × ×	
3	单腿摆越成骑撑	1.0	重心不稳	×	×	
4	转体 180° 成支撑	2.0	1. 重心不稳 2. 动作不流畅	× ×	× ×	
5	后摆挺身下	2.0	身体无伸展	×	×	

男子七级测试双杠评分方法

序号	动　作　名　称	分值	主　要　错　误	错误扣分		
				0.1	0.3	0.5
1	挂臂屈伸上成分腿坐	2.0	1. 无明显屈伸动作 2. 曲臂 3. 动作不流畅	× × ×	× × ×	
2	前滚翻成分腿坐	2.5	1. 前滚翻未并腿 2. 完成时髋部低于杠下	× ×	× ×	× ×
3	分腿坐前进 1 次	1.0	1. 曲髋 2. 动作不流畅	× ×	× ×	
4	后摆转体 180° 成分腿坐	2.0	1. 曲臂 2. 动作不流畅	× ×	× ×	×
5	弹杠	0.5	曲髋	×	×	
6	后摆挺身下	2.0	前摆高度不够肩水平	×	×	×

女子七级测试自由体操评分方法

序号	动　作　名　称	分值	主　要　错　误	错误扣分		
				0.1	0.3	0.5
1	波浪	0.5	动作不连贯	×		

（续表）

序号	动 作 名 称	分值	主 要 错 误	错误扣分		
				0.1	0.3	0.5
2	立转 360°	2.0	1. 转体时无起踵 2. 转体角度不充分	× ×	× ×	 ×
3	侧手翻向前转体 90°	2.5	1. 手脚支撑地面不在一条直线上 2. 身体未经垂直面 3. 双手同时撑地	× × ×	× ×	
4	燕式平衡 2 秒	1.5	1. 腿低于髋水平 2. 上体低于髋水平	× ×	× ×	
5	后腿向后伸成纵劈叉 2 秒	1.0	1. 劈叉高于地面 2. 身体不正	× ×	× ×	×
6	后腿向前摆越成直角坐	0.5	屈腿前摆	×	×	
7	后倒屈体后滚翻成直腿站立	2.0	1. 动作不圆滑 2. 屈腿	× ×	× ×	 ×

女子七级测试跳山羊评分方法

序号	动 作 名 称	分值	主 要 错 误	错误扣分		
				0.1	0.3	0.5
1	山羊屈体跳上成并腿立撑，挺身跳下	10	1. 无后摆 2. 冲肩曲臂屈腿 3. 无伸展	× × ×	× × ×	

女子七级测试低单杠评分方法

序号	动 作 名 称	分值	主 要 错 误	错误扣分		
				0.1	0.3	0.5
1	翻上成支撑（蹬摆）	2.0	1. 曲髋过多 2. 动作不连贯 3. 支撑脚过杠下垂面	× × ×	× × ×	 ×
2	支撑后回环	3.0	1. 后摆高度不足 2. 曲髋 3. 动作结束时无制动腿	× × ×	× × ×	

（续表）

序号	动作名称	分值	主要错误	错误扣分		
				0.1	0.3	0.5
3	单腿摆越成骑撑	1.0	重心不稳	×	×	
4	转体 180° 成支撑	2.0	1. 重心不稳 2. 动作不流畅	× ×	× ×	
5	后摆挺身下	2.0	身体无伸展	×	×	

女子七级测试平衡木评分方法

序号	动作名称	分值	主要错误	错误扣分		
				0.1	0.3	0.5
1	木中跳上成分腿支撑 1 秒→转体 90° 成分腿坐	1.0	1. 静止动作时间不足 2. 转体角度不充分	 ×	× ×	
2	直体单肩后滚成跪平衡 2 秒	2.0	1. 滚动不连贯 2. 后腿平头 3. 后腿低于头 4. 时间不足 1 秒	× × 	 × 	 2.0
3	向前 2 步大跨跳	2.0	1. 高度不够 2. 开度不够 3. 跳起空中姿态不好 4. 动作不连贯	× × × ×	× × × ×	
4	单腿转体 360° 体	2.0	1. 未立踵 2. 转体时姿态不好 3. 转体角度不够	× × ×	× × ×	 ×
5	向前 1 步并腿起踵转体 180° 体	1.0	1. 未立踵 2. 转体时姿态不好 3. 转体角度不够	× × ×	× × ×	
6	左右腿变换步	0.5	动作不舒展	×	×	
7	向前 2～3 步木端侧手翻下	1.5	1. 方向不正 2. 并腿过晚 3. 推手不够	 × ×	× × ×	 ×

达标标准

男子

被测试者4个项目的最终得分相加33分及以上者为合格。

女子

被测试者3个项目的最终得分相加25分及以上者为合格。

八级测试

LEVEL 8 TEST

科　目

男子

自由体操：助跑前手翻（并腿落地）→前滚翻分腿起→分腿慢起手倒立2秒→胸滚动成跪立→跪跳起→纵跳转体180°→燕式平衡2秒→助跑2～3步趋步踺子→挺身跳。

跳箱：纵箱屈腿腾越。

低单杠：慢翻上成支撑→单腿摆越成骑撑→骑撑前回环→骑撑转体180°成支撑→支撑后回环→后摆挺身下。

双杠：杠端短振屈伸上→经屈臂支撑前摆跳起成分腿坐→经俯撑成挂臂→挂臂屈伸上成分腿坐→举单腿杠中后摆转体180°成分腿坐→慢起肩倒立→屈体前抛后摆上→摆动1次后摆挺身下。

女子

自由体操：单腿立转360°→原地跳转360°→趋步侧手翻2次→踢腿跳转180°→前滚翻交叉转体180°接后滚翻→挺身跳→侧波浪（左、右各1次）→大跨跳2次→舞蹈结束串→舞龙绞柱。

跳箱：横箱分腿腾越。

低单杠：慢翻上成支撑→单腿摆越成骑撑→骑撑前回环→骑撑转体180°成支撑→支撑后回环→后摆挺身下。

平衡木：斜进助跑上成分腿坐→举腿成前后单腿站立→向前2步跨跳接垂直跳→单腿立转360°接90°→侧波浪—前弓步塌腰—手臂后波浪绕至三位—向后下腰→前滚翻成分腿坐→后摆成蹲立→弹簧步2次→侧手翻向内转体90°下。

备注：平衡木器械高度为100厘米（从地面测量），时间不超过90秒。

自由体操要点图示及说明

男子自由体操　女子自由体操

- 助跑前手翻：趋步后上体下压，两臂远伸撑地，经倒立时快速并腿，脚面上顶，空中保持抬头挺胸姿势

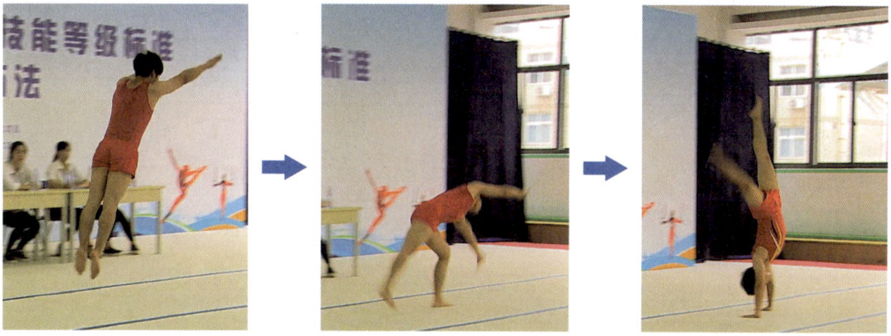

- 趋步踺子：趋步后上体迅速下压，两臂稍屈依次撑地，两腿在倒立时迅速并腿并转体，迅速立腰、立髋推手起上体

跳箱动作要点及图示

男子跳箱　女子跳箱

- 纵箱屈腿腾越：起跳后两臂前伸撑箱，同时提臀屈膝前引，推离后两臂上举，起肩、梗头立腰、两腿下伸，落地缓冲

低单杠要点图示及说明

男子低单杠　女子低单杠

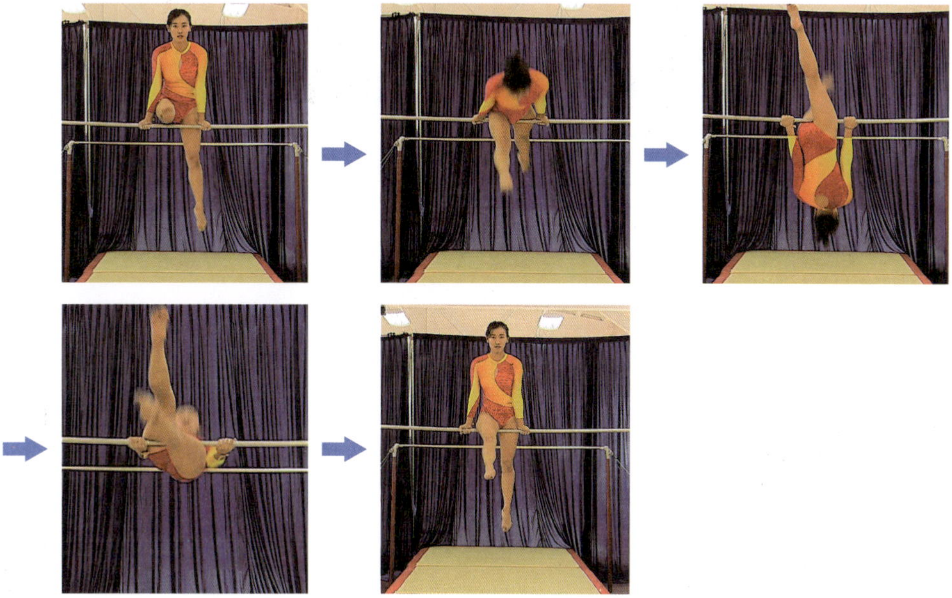

- 骑撑前回环：提高身体重心，前腿前伸挺胸直臂前倒，回环至垂直面时用力下沉，身体保持紧张姿势，回环至3/4时直臂翻腕同时制动前腿成骑撑

双杠要点图示及说明

男子双杠

- 杠端短振屈伸上：跳起屈体悬垂摆动，身体折叠充分，保持屈体向后回摆摆过垂直部位后，及时伸髋压杠

- 慢起肩倒立：两手靠近打腿内侧握杠，起到立时含胸提背提臀充分，成肩倒立时充分抬头，两肘保持外展

平衡木要点图示及说明

女子平衡木

- 斜进助跑上成分腿坐：踏跳和摆腿配合协调，充分起跳，起跳时身体稍向后倾，成分腿坐时两腿夹木

- 侧手翻向内转体90°下：两臂稍屈依次撑地，两腿在倒立时迅速并腿并转体，立腰、立髋推手落地

评分方法

男子八级测试自由体操评分方法

序号	动作名称	分值	主要错误	错误扣分		
				0.1	0.3	0.5
1	助跑前手翻(并腿落地)	2.5	1. 无腾空 2. 冲肩、屈髋 > 90° 3. 冲肩、屈髋 < 90°		 × 	× ×
2	前滚翻分腿起	1.0	滚动不流畅	×	×	
3	分腿慢起手倒立 2 秒	2.0	1. 倒立不直 2. 慢起时有蹬地动作	× ×	× ×	 ×
4	胸滚动成跪立	1.0	胸滚动不流畅	×		
5	跪跳起→纵跳转体 180° 体	0.2	1. 动作不连贯 2. 跳起方向不正确 3. 腾空高度不够	× × ×		
6	燕式平衡 2 秒	1.0	1. 上体低于髋水平面 2. 脚低于水平面	× ×	× ×	
7	助跑 2～3 步趋步踺子	2.0	1. 没有经手倒立 2. 并腿晚	× ×	× ×	
8	挺身跳	0.3	身体无伸展	×		

男子八级测试跳箱评分方法

序号	动作名称	分值	主要错误	错误扣分		
				0.1	0.3	0.5
1	纵箱屈腿腾越	10	1. 推手过晚 2. 第二腾空不明显 3. 第二腾空展体不明显	× × ×	× × ×	 ×

男子八级测试低单杠评分方法

序号	动作名称	分值	主要错误	错误扣分		
				0.1	0.3	0.5
1	慢翻上成支撑	1.5	1. 蹬地 2. 成支撑时脚过杠下垂面	× ×	 ×	
2	单腿摆越成骑撑	0.5	1. 两腿开度 < 90° 2. 重心移动不好	× ×	 ×	
3	骑撑前回环	2.5	1. 屈臂完成 2. 两腿开度 < 90°	×	× ×	
4	骑撑转体 180° 成支撑	1.5	1. 无挺髋 2. 不圆滑 3. 并腿晚	× × ×	× × ×	
5	支撑后回环	2.0	1. 屈臂 2. 屈体 3. 失去节奏	× × ×	× × ×	
6	后摆挺身下	2.0	1. 后摆不充分 2. 推杠时屈肘 3. 挺身不充分	× × ×	× × ×	× ×

男子八级测试双杠评分方法

序号	动作名称	分值	主要错误	错误扣分		
				0.1	0.3	0.5
1	杠端短振屈伸上	2.0	1. 臀部低于肘 2. 臀部低于杠		×	 ×
2	经屈臂支撑前摆跳起成分腿坐	0.5	1. 无明显腾空 2. 动作不连贯	× ×	× ×	
3	经俯撑成挂臂	0.5	动作不舒展	×	×	
4	挂臂屈伸上成分腿坐	1.5	1. 臀部低于肘 2. 臀部低于杠 3. 屈臂完成	× × ×	× × ×	
5	举单腿杠中后摆转体 180° 成分腿坐	1.0	动作不连贯、不舒展	×	×	
6	慢起肩倒立	2.0	1. 提臀不够 2. 腿未叠紧 3. 倒立不直	× × ×	× × ×	 ×

（续表）

序号	动 作 名 称	分值	主 要 错 误	错误扣分		
				0.1	0.3	0.5
7	屈体前抛后摆上	1.5	1. 屈肘 2. 支撑时腿低于杠水平面	× ×	× ×	
8	摆动 1 次后摆挺身下	10	1. 后摆低于肩 2. 前摆低于肩 3. 推手不明显	 × ×	× × ×	 ×

女子八级测试自由体操评分方法

序号	动 作 名 称	分值	主 要 错 误	错误扣分		
				0.1	0.3	0.5
1	单腿立转 360° →原地跳转 360°	1.0	动作不舒展	×		
2	趋步侧手翻 2 次	3.0	1. 动作不连贯 2. 不成直线 3. 节奏不好	 ×	× × ×	
3	踢腿跳转 180°	0.5	1. 腾空不明显 2. 转体方向不正	× ×		
4	前滚翻交叉转体 180° 接后滚翻→挺身跳	2.0	1. 滚翻滚动不圆滑 2. 手撑地	×	×	 ×
5	侧波浪（左、右各 1 次）	1.0	动作不舒展、不协调	×		
6	大跨跳 2 次	1.5	缺乏高、开度	×	×	
7	舞蹈结束串→舞龙绞柱	1.0	动作不圆滑、舒展	×	×	

女子八级测试跳箱评分方法

序号	动 作 名 称	分值	主 要 错 误	错误扣分		
				0.1	0.3	0.5
1	横箱分腿腾越	10	1. 推手过晚 2. 第二腾空无展体 3. 落地远度不足 1 米	× × ×	× × ×	× × ×

女子八级测试低单杠评分方法

序号	动作名称	分值	主要错误	错误扣分		
				0.1	0.3	0.5
1	慢翻上成支撑	1.5	1. 蹬地 2. 成支撑时脚过杠下垂面	× ×	 ×	
2	单腿摆越成骑撑	0.5	1. 两腿开度 < 90° 2. 重心移动不好	× ×	 ×	
3	骑撑前回环	2.5	1. 屈臂完成 2. 两腿开度 < 90°	×	× ×	
4	骑撑转体 180° 成支撑	1.5	1. 无挺髋 2. 不圆滑 3. 并腿晚	× × ×	× × ×	
5	支撑后回环	2.0	1. 屈臂 2. 屈体 3. 失去节奏	× × ×	× × ×	
6	后摆挺身下	2.0	1. 后摆不充分 2. 推杠时屈肘 3. 挺身不充分	× × ×	× × ×	× ×

女子八级测试平衡木评分方法

序号	动作名称	分值	主要错误	错误扣分		
				0.1	0.3	0.5
1	斜进助跑上成分腿坐	1.0	1. 踏跳脚未离地 2. 动作不舒展	× ×	× ×	×
2	举腿成前后单腿站立	0.2	动作不连贯	×		
3	向前 2 步跨跳接垂直跳	1.5	1. 腾空明显 2. 分腿不明显 3. 重心不稳	× × ×	× × ×	
4	单腿立转 360° 接 90°	1.5	1. 未立踵 2. 节奏不好	× ×	×	
5	侧波浪—前弓步塌腰—手臂后波浪绕至三位—向后下腰	0.5	1. 动作不舒展 2. 下腰不充分	× ×		

（续表）

序号	动 作 名 称	分值	主 要 错 误	错误扣分		
				0.1	0.3	0.5
6	前滚翻成分腿坐	2.0	1. 节奏不好 2. 动作不流畅	× ×	× ×	
7	后摆成蹲立	1.0	1. 没有后摆 2. 节奏不好	× ×	 ×	
8	弹簧步 2 次	0.3	1. 未立踵 2. 膝角 < 90° 3. 动作不连贯	× × ×		
9	侧手翻向内转体 90° 下	2.0	1. 方向不正 2. 并腿过晚 3. 推手不够	× × ×	× × ×	

达标标准

男子

被测试者4个项目的最终得分相加33分及以上者为合格。

女子

被测试者3个项目的最终得分相加25分及以上者为合格。

九级测试

LEVEL 9 TEST

科　目

男子

自由体操：助跑前空翻→前滚翻分腿起→分腿慢起手倒立→前滚翻交叉转体180°→助跑前手翻单足落→蹬摆鱼跃前滚翻→成一腿后举屈臂俯撑后腿向前摆越转体180°成仰撑→经肩背倒立前滚翻成单跪立→跨跳转270°接侧向并步跳接交换腿跳→倒立前滚翻交叉转体180°起立→搬腿侧平衡2秒→趋步踺子小翻跳。

跳箱：纵箱屈体腾越。

低单杠：长振屈伸上→单腿摆越成骑撑→骑撑后回环→骑撑转体180°成支撑→支撑后回环→后倒弧形下。

双杠：长振屈伸上→后摆成肩倒立2秒→前滚翻后摆上→经单腿坐接单腿后摆转体180°成分腿支撑→经俯撑挂臂前摆上→经后摆，前摆内转180°下。

女子

自由体操：挺身跳接狼跳→趋步前手翻（单腿落）→接侧手翻→2次大跨跳接尖角跳→倒立前滚翻→后交换腿跳接猫跳接单脚转体360°接双脚转体180°→后滚翻→燕式平衡2秒→趋步踺子挺身跳。

跳山羊：山羊屈体腾越。

低单杠：长振屈伸上→单腿摆越成骑撑→骑撑前回环→骑撑转体180°成支撑→支撑后回环→后倒弧形下。

平衡木：斜进助跑跳上成单腿站立→向前2步跨跳接垂直交换腿跳→木端双脚转体180°→向前2步侧手翻成弓步→后退2步成并腿双脚起踵—向前踢腿1次成全蹲弓步→单腿蹲转180°→转体90°成俯卧至仰卧→直体单肩后滚翻成俯撑—后摆成蹲立→左右腿变换步→助跑2步木端前手翻下。

备注：平衡木器械高度为120厘米（从地面测量），时间不超过90秒。

自由体操要点图示及说明

男子自由体操　女子自由体操

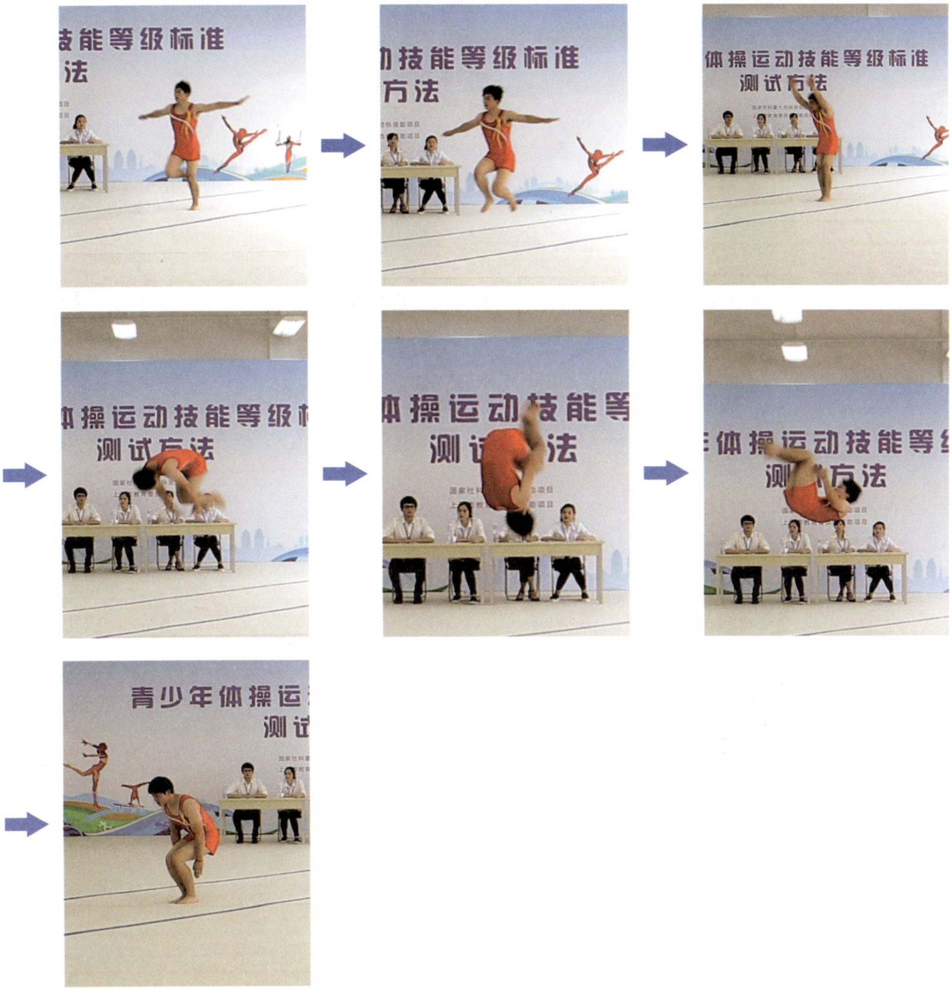

- 助跑前空翻：助跑最后一步做单跳双落起跳，用力起跳后迅速梗头含胸、提背、提臀团身抱腿向前翻转，身体下落时，两臂上举伸展身体，前脚掌落地

- 趋步踺子小翻跳：趋步后上体迅速下压，两臂稍屈依次撑地，两腿在倒立时迅速并腿并转体，立腰、立髋推手起上体全脚掌落地，两臂下沉置于腹前，双膝自然缓冲，然后做向后甩臂动作，后手翻两手撑地时，身体成反弓形，推手立肩、直髋起跳

- 趋步前手翻(单腿落):趋步后上体下压,两臂远伸撑地,一腿积极下压落地,一腿向前上方跨出,髋部前送

跳箱/山羊要点图示及说明

男子跳箱　　女子跳山羊

- 纵箱屈体腾越：起跳后两臂前伸撑箱，同时提臀曲髋，直腿前伸，推离后两臂上举，起肩梗头立腰，同时向下伸直髋关节

低单杠要点图示及说明

男子低单杠　女子低单杠

- 长振屈伸上：前摆接近远点时，迅速举腿翻臀，使脚面靠近杠面，后摆肩过杠垂直面后，两腿沿杠面伸髋，同时直臂压杠，转腕上成支撑

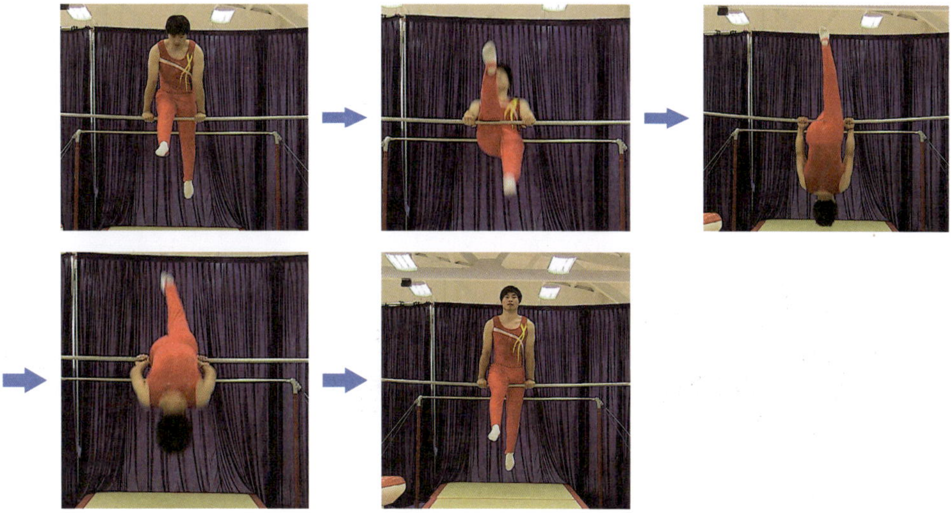

- 骑撑后回环：撑起重心后移，迅速倒肩，后腿远伸前踢，当回环至3/4时后腿制动，双手翻腕制动，紧腰立上体同时前腿前伸成骑撑

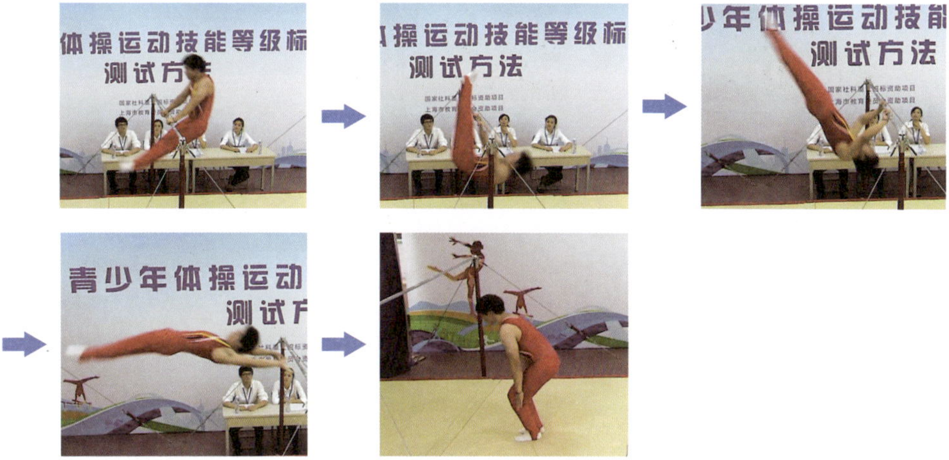

- 后倒弧形下：支撑后倒时，先倒上体后举腿，肩远离握点，迅速倒至杠下，臀部高于肩，两腿靠近杠面向前上方伸髋，同时直臂向后引杠，拉开肩角，腾空后两腿前伸下压，抬头振胸，抬上体挺身下

双杠要点图示及说明

男子双杠

- 长振屈伸上：直角悬垂，含胸梗头，身体尽量伸展，屈体悬垂回摆浪自然及时，至垂直部位时，折体充分，穿腿压杠振上体

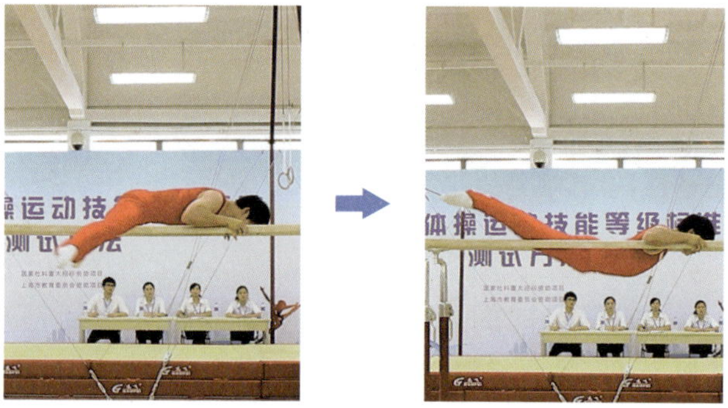

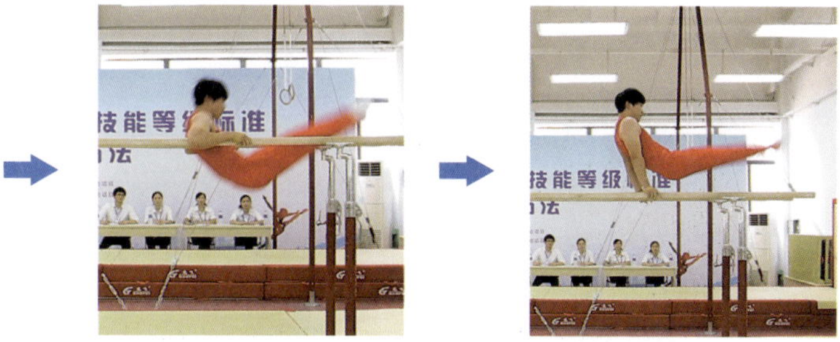

- 经俯撑挂臂前摆上：上摆接近杠面时，用力制动腿，同时成振胸梗头跟肩，上成支撑时，肩轴积极向前移动

平衡木要点图示及说明

女子平衡木

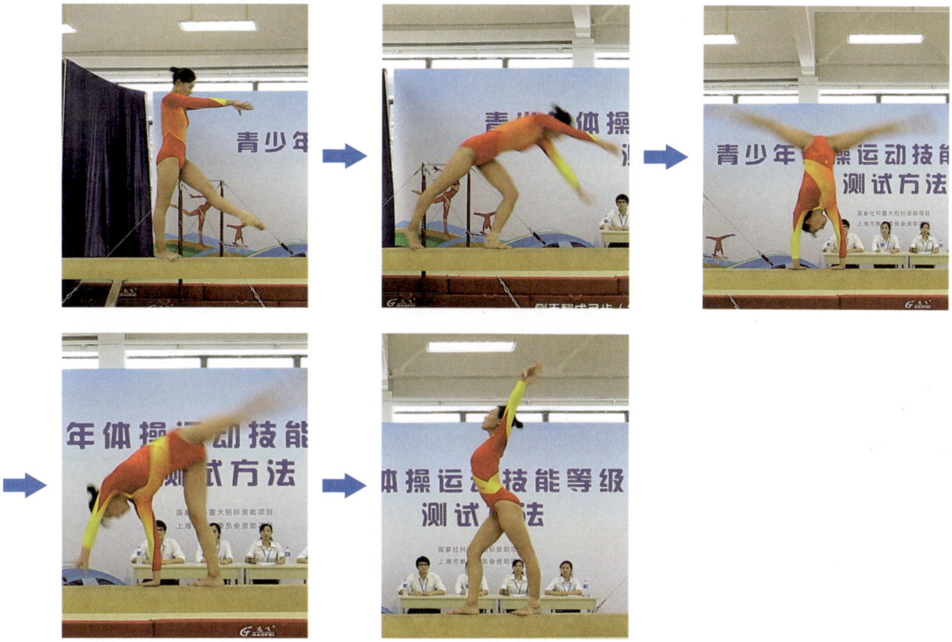

- 侧手翻成弓步：蹬地快速用力，两手依次撑地时迅速顶肩、含胸立腰，经倒立后向内转体90°成一腿后伸弓步站立

- 木端前手翻下：两臂远伸撑木，经倒立时快速并腿，脚面上顶，空中保持抬头挺胸姿势，落地屈膝缓冲

评分方法

男子九级测试自由体操评分方法

序号	动 作 名 称	分值	主 要 错 误	错误扣分		
				0.1	0.3	0.5
1	助跑前空翻	2.0	1. 团身不紧 2. 高度低于肩	× ×	× ×	× ×
2	前滚翻分腿起	0.5	滚动不圆滑	×		
3	分腿慢起手倒立→前滚翻交叉转体 180°	1.0	1. 倒立不直 2. 慢起时有蹬地动作 3. 滚动不圆滑	× × ×	× ×	 ×

（续表）

序号	动作名称	分值	主要错误	错误扣分		
				0.1	0.3	0.5
4	助跑前手翻单足落	1.0	1. 无腾空 2. 屈髋 > 90° 3. 屈髋 < 90°		 × 	× ×
5	蹬摆鱼跃前滚翻	1.0	1. 屈髋 < 135° 2. 屈髋 < 90°	× 	 ×	
6	成一腿后举屈臂俯撑后腿向前摆越转体180°成仰撑	0.5	1. 两腿开度 < 45° 2. 转体不正 3. 脚触地	× × 	 ×	
7	经肩背倒立前滚翻成单跪立	0.5	动作不圆滑	×	×	
8	跨跳转270°接侧向并步跳接交换腿跳	0.5	动作不连贯		×	
9	倒立前滚翻交叉转体180°站立	0.5	1. 过倒立 15° 2. 过倒立 30° 3. 未经倒立	× 	 × 	 ×
10	搬腿侧平衡 2 秒	0.5	1. 脚低于肩 2. 时间不足 1 秒		× 	 ×
11	趋步踺子小翻跳	2.0	1. 踺子方向不正 2. 动作不连贯	 ×	× ×	× ×

男子九级测试跳箱评分方法

序号	动作名称	分值	主要错误	错误扣分		
				0.1	0.3	0.5
1	纵箱屈体腾越	10	1. 推手过晚 2. 第二腾空不明显 3. 第二腾空展体不明显	× × ×	× × ×	 ×

男子九级测试低单杠评分方法

序号	动作名称	分值	主要错误	错误扣分		
				0.1	0.3	0.5
1	长振屈伸上	2.5	1. 动作不连贯	×	×	
			2. 屈臂完成	×	×	
2	单腿摆越成骑撑	0.5	两腿开度 < 90°	×		
3	骑撑后回环	2.0	1. 屈臂完成	×	×	
			2. 两腿开度 < 90°		×	
4	骑撑转体 180° 成支撑	1.0	1. 无挺髋	×	×	
			2. 不连贯	×	×	
			3. 并腿晚		×	
5	支撑后回环	1.5	1. 屈臂	×	×	
			2. 屈体		×	
			3. 失去节奏	×	×	
6	后倒弧形下	2.5	1. 屈臂	×	×	
			2. 低于杠		×	
			3. 撒手晚		×	

男子九级测试低双杠评分方法

序号	动作名称	分值	主要错误	错误扣分		
				0.1	0.3	0.5
1	长振屈伸上	2.0	1. 臀部低于肘		×	
			2. 臀部低于杠			×
			3. 屈臂完成	×	×	
2	后摆成肩倒立 2 秒	2.0	屈体完成	×	×	
3	前滚翻后摆上	1.5	1. 换握晚		×	
			2. 脚低于肘		×	
			3. 脚低于杠			×
4	经单腿坐接单腿后摆转体 180° 成分腿支撑	1.5	1. 脚低于肘		×	
			2. 脚低于杠			×
			3. 触杠		×	
5	经俯撑挂臂前摆上	1.0	1. 臀部低于肘		×	
			2. 臀部低于杠			×
			3. 屈臂完成	×	×	

（续表）

序号	动 作 名 称	分值	主 要 错 误	错误扣分		
				0.1	0.3	0.5
6	经后摆，前摆内转 180°下	2.0	1. 后摆低于肩 2. 前摆低于肩 3. 转体不正		× × ×	 ×

女子九级测试自由体操评分方法

序号	动 作 名 称	分值	主 要 错 误	错误扣分		
				0.1	0.3	0.5
1	挺身跳接狼跳	1.0	1. 挺身不充分 2. 前腿低于 135°	×	 ×	
2	趋步前手翻（单腿落）→接侧手翻	1.5	1. 动作不连贯 2. 不成直线 3. 节奏不好	 ×	× ×	
3	2 次大跨跳接尖角跳	1.5	1. 动作不舒展 2. 开度小于 135°	×	 每次 ×	
4	倒立前滚翻	1.5	1. 倒立过垂线 15° 2. 倒立过垂线 30° 3. 不圆滑 4. 手撑地	× ×	× ×	 × ×
5	后交换腿跳接猫跳接单脚转体 360° 接双脚转体 180°	1.0	1. 交换不明显 2. 猫跳腿的位置低于髋 3. 转体失去重心	× ×	 ×	
6	后滚翻	1.0	1. 不圆滑 2. 膝盖碰地		×	 ×
7	燕式平衡 2 秒	0.5	1. 上体低于水平面 2. 后腿脚尖未过头	×	 ×	
8	趋步踺子挺身跳	2.0	1. 方向不正 2. 并腿晚 3. 没有展体	× × ×	× ×	

女子九级测试跳山羊评分方法

序号	动作名称	分值	主要错误	错误扣分		
				0.1	0.3	0.5
1	山羊屈体腾越	10	1. 屈体时屈膝或分腿 2. 第二腾空无展体 3. 落地远度不足 1 米	× × ×	× × ×	× × ×

女子九级测试低单杠评分方法

序号	动作名称	分值	主要错误	错误扣分		
				0.1	0.3	0.5
1	长振屈伸上	2.5	1. 动作不连贯 2. 屈臂完成		× ×	
2	单腿摆越成骑撑	0.5	1. 骑撑时两腿开度小于 90° 2. 动作不到位	× ×		
3	骑撑前回环	1.5	1. 不圆滑 2. 两腿开度小于 90°	×	× ×	
4	骑撑转体 180° 成支撑	1.5	1. 无挺髋 2. 不圆滑 3. 并腿晚	×	× × ×	
5	支撑后回环	1.5	1. 屈臂 2. 屈体 3. 失去节奏	×	× × ×	
6	后倒弧形下	2.5	1. 屈臂 2. 低于杠 3. 撒手晚	×	× × ×	

女子九级测试平衡木评分方法

序号	动作名称	分值	主要错误	错误扣分		
				0.1	0.3	0.5
1	斜进助跑跳上成单腿站立	1.0	1. 腾空高度不够 2. 重心不稳	× ×	× ×	

（续表）

序号	动 作 名 称	分值	主 要 错 误	错误扣分		
				0.1	0.3	0.5
2	向前 2 步跨跳接垂直交换腿跳	1.0	1. 腾空明显 2. 分腿开度不够	× ×	× ×	
3	木端双脚转体 180°	0.5	1. 没有起锺 2. 重心不稳	× ×		
4	向前 2 步侧手翻成弓步	2.0	1. 动作不连贯 2. 不成直线 3. 节奏不好	 ×	× × ×	
5	后退 2 步成并腿双脚起腫—向前踢腿 1 次成全蹲弓步	0.3	1. 节奏不好 2. 重心不稳	× ×		
6	单腿蹲转 180°	1.0	1. 摆动腿不直 2. 没经水平	× ×	×	
7	转体 90° 度成俯卧至仰卧	0.5	动作不连贯、轻盈	×		
8	直体单肩后滚翻成俯撑—后摆成蹲立	1.5	1. 滚动流畅 2. 后摆高度不够	× ×	× ×	
9	左右腿变换步	0.2	动作不舒展、轻盈	×		
10	助跑 2 步木端前手翻下	2.0	1. 腾空不明显 2. 推手不充分	× ×	× ×	 ×

达 标 标 准

男子

被测试者4个项目的最终得分相加33分及以上者为合格。

女子

被测试者3个项目的最终得分相加25分及以上者为合格。